ECo-C® Schulungsbuch
Module // Kommunikation | Selbstmarketing

TEIL 1

Programm der IPKeurope
ECo-C® European communication certificate

ECo-C® Schulungsbuch
Interkultureller Lernzielkatalog 1.2z
1.Auflage – Oktober 2010

IPKeurope
Gewerbestrasse 5 (Platz der Bildung)
A-3382 Loosdorf

Tel.: +43(0)676 5018254
E-Mail: praesidium@ipkeurope.org
Web: www.ipkeurope.org
www.eco-c.eu

Haftung
Diese Unterlage wurde mit großer Sorgfalt erstellt und geprüft. Trotzdem können Fehler nicht vollkommen ausgeschlossen werden. IPKeurope und Autoren können für fehlerhafte Angaben und deren Folgen weder eine juristische Verantwortung noch irgendeine Haftung übernehmen.

Literaturverzeichnis, Links bzw. Verweise auf Internetseiten anderer Anbieter: Auf Inhalt und Gestaltung dieser Angebote hat der IPKeurope keinerlei Einfluss. Hiefür sind alleine die jeweiligen Anbieter verantwortlich.

Urheberrecht liegt bei der IPKeurope/KAIPO, Jahr 2010 - 2013

Geschlechtsbezogene Aussagen in dieser ECo-C Schulungsunterlage sind auf Gleichstellung für beiderlei Geschlechter aufzufassen bzw. auszulegen.

Wissenschaftlicher Beirat IPKeurope
Leitung: Univ.Prof. Dr. Thomas A. Bauer
Leitung ECo-C Schulungsbuch: Dr.in Silvia Wolf

ECo-C® Initiative
european communication certificate®

In der Welt der Arbeit und des Berufes zählen Leistung und Produktivität. Dafür braucht man Wissen, Erfahrung, Know-How und Motivation. Um sich aber als Anbieter all dieser Werte auf dem Markt beweisen zu können, braucht es Fähigkeiten, die unmittelbar mit der Persönlichkeit und mit deren Individualität verbunden sind. Solche Fähigkeiten sind z.B. Kommunikation, persönliche Performance, Selbstorganisation und der pro-soziale Umgang mit anderen Menschen - also Verhalten, das erst glaubwürdig wird und überzeugend wirkt, wenn es der persönliche Ausdruck von Haltungen ist. Leistungssicherheit ist das eine, Vertrauen das andere Element. Vertrauen, auf das es ja letztlich ankommt, wird nicht alleine durch Werte der Professionalität wie Wissen, Erfahrung oder Know-How, das man mitbringt, begründet, sondern durch Werte der Persönlichkeit, durch die professionell geforderte Leistungen in Haltungen wie Verantwortung, Verlässlichkeit und Nachhaltigkeit gebunden werden.

Man nennt solche Eigenschaften der Persönlichkeit im beruflichen Jargon „soft skills", weil sie klarer Weise keine fest umrissenen Formationen darstellen und mit gutem Grund individuell ausgeprägt sind. Sie sind die Faktoren, mit denen wir unsere Persönlichkeit unterscheidbar und identitätsfähig machen. In den beruflichen Zusammenhängen des wettbewerblichen und markttypischen Vergleichs zwischen Leistungen und Leistungsträgern besteht aber eine generalisierte Vorstellung von professionell eingebrachter Persönlichkeit, die man mit dem Begriff der „Kompetenz" wertet. Solche Kompetenzen sind mehr als nur Verhaltensfertigkeiten (skills), sie sind in Haltungen gefestigte Fähigkeiten im Umgang mit sich selbst, mit anderen und mit Situationen, durch die man die Aufmerksamkeit und das Vertrauen anderer gewinnt. Jeder Verkauf, jede Verhandlung und jede Problemlösung lebt von dieser Qualität.

Diese Qualität lässt sich im Sinne von bewusster und mental betreuter Übung (Training) im Rahmen und unter dem sozialen Schutz von Lerngruppen lernen, entwickeln und verbessern - oder besser: entdecken, wecken, und „nachrüsten". Daher lässt sie sich auch in gewissem Sinne messen und für den beruflichen Qualitätsvergleich ausweisen. Nichts anderes will die ECo-C® Zertifizierung. Sie soll sowohl für Arbeitgeber wie für Arbeit Suchende als praktikables Modell für einen ausbalancierten Bewertungsmaßstab von Persönlichkeits- und Kommunikatonskompetenz dienen.

Zum einen soll dadurch erreicht werden, dass Arbeitgeber und Arbeit Suchende überhaupt und bewusster auf diese Komponente von Arbeitsqualität schauen. Zum andern soll dadurch auch erstmals ein Niveau markiert werden, an dem sich der Arbeitsmarkt vergleichend orientieren kann. In eben diesem Sinne wurde die ECo-C® Zertifizierung mittlerweile von europaweit agierenden Unternehmungen wie auch von Berufsbildungs- und Arbeitsmarktorganisationen in deren Programm übernommen.

O.Univ.Prof.Dr.Thomas A.BAUER
International Research and Teaching Programms

Universität Wien
Institut für Publizistik- und Kommunikationswissenschaft

INHALTSVERZEICHNIS

ECo-C Modul Kommunikation – Lernziel ... 15

1 Einleitung ... 16
    Willkommen im Kommunikationszeitalter! ... 16
    Zur Einstimmung auf das Thema 16

2 Begriffsklärung ... 18
    Kommunikation – was bedeutet das? ... 18

3 Grundlegende Kommunikations-Modelle ... 19
    3.1 Sender–Empfänger-Modell (nach Shannon/Weaver) ... 19
        Das Sender-Empfänger-Modell lässt die Bedeutung außer Acht ... 19
    3.2 Kodier-Dekodier-Modell (nach Stuart Hall) ... 20
        Das Kodier-Dekodier-Modell geht auf die Bedeutung ein ... 20
    3.3 Eisberg-Modell (nach Sigmund Freud) ... 21
        Was zählt, erkennt man oft erst auf den zweiten Blick ... 21
        Für Kommunikations-Prozesse bedeutet das: ... 22
    3.4 Kommunikations-Modell (nach Paul Watzlawick) ... 22
        3.4.1 Die 5 Kommunikations-Axiome ... 23
    3.5 Das Wichtigste zusammengefasst ... 25

4 Kommunikations-Prozess ... 26
    4.1 Das Wichtigste zusammengefasst ... 27

5 Kommunikations- /Nachrichten-Arten unterscheiden ... 28
    5.1 Kommunikations-Arten unterscheiden ... 28
    5.2 Nachrichten-Arten unterscheiden ... 28
        5.2.1 Explizit – Implizit ... 29
        5.2.2 Kongruent – Inkongruent ... 29
    5.3 Das Wichtigste zusammengefasst ... 31

6 Nonverbale Kommunikation (Körpersprache) ... 32
    6.1 Ein Blick sagt mehr als 1000 Worte ... 33
    6.2 Einfluss-Faktoren ... 34
    6.3 Wesentliche Elemente ... 35

		6.3.2 Mimik	38
		6.3.3 Gestik	39
		6.3.4 Körpersprache-Signale erkennen und verstehen	40
		6.3.2 Äußeres Erscheinungsbild	45
	6.4	Zonen-Verhalten in der Körpersprache	46
	6.5	Das Wichtigste zusammengefasst	48
7	**Weiterführende Kommunikations-Modelle**		**48**
	7.1	4-Ebenen-Modell/Quadrat der Nachricht (nach Schulz von Thun)	49
		7.1.1 Das Quadrat der Nachricht auf Sender-Seite	50
		7.1.2 Nonverbale Signale haben 3 Ebenen	53
		7.1.3 Das Quadrat der Nachricht auf Empfänger-Seite	53
		7.1.4 Mit dem Quadrat der Nachricht Gespräche analysieren	55
	7.2	Das Wichtigste zusammengefasst	56
8	**Klärungs-Modell/Inneres Team (nach Schulz von Thun)**		**56**
	8.1	„Innere Stimmen" als Persönlichkeits-Anteile	57
		8.1.1 Inneres Team erkunden	58
		8.1.2 Typische Rollenbilder im Inneren Team	61
	8.2	Die Rolle des Oberhaupts im Inneren Team	62
	8.3	Innere „Ratsversammlung"	64
	8.4	Innere Team-Entwicklung	65
	8.5	Das Wichtigste zusammengefasst	66
9	**Missverständnisse/Konflikte vermeiden**		**66**
	9.1	Kommunikations-Tipps für alle Fälle	67
		9.1.1 Körpersprache beachten	67
		9.1.2 Kongruent kommunizieren	68
		9.1.3 Anschauliche Bilder und Beispiele bringen	69
		9.1.4 Eindeutig kommunizieren	69
		9.1.5 Wichtiges betonen	70
		9.1.6 Das Wichtigste wiederholen	70
	9.2	Kommunikations-Tipps für schwierige Gespräche	70
		9.2.1 Aktives Zuhören	71
		9.2.2 Interpunktion beachten	72
		9.2.3 Teufelskreise erkennen	74
		9.2.4 Interpretationen hinterfragen	76

	9.2.5 ICH-Botschaften formulieren	78
	9.2.6 Meta-Kommunikation betreiben	80
9.3	Das Wichtigste zusammengefasst	82

10 Feedback zum „Selbstbild/Fremdbild-Abgleich" ... 82
    10.1 Feedback-Regeln ... 83
        10.1.1 Feedback geben ... 84
        10.1.2 Feedback entgegennehmen ... 85
        10.1.3 Mit Kritik umgehen ... 86
    10.2 Das Wichtigste zusammengefasst ... 87

11 Fragetechniken ... 88
    11.1 Wer fragt führt ... 88
    11.2 Grundsätzliche Frage-Typen: Offen/Geschlossen ... 89
    11.3 Frage-Techniken anwenden und unterscheiden ... 91
        11.3.1 Informations-Fragen ... 91
        11.3.2 Entscheidungs-Fragen ... 91
        11.3.3 Alternativ-Fragen ... 92
        11.3.4 Suggestiv-Fragen ... 92
        11.3.5 Rhetorische-Fragen ... 92
    11.4 Geeignete Frage-Techniken für schwierige Gespräche ... 93
        11.4.1 Klärende Fragen ... 93
        11.4.2 Stimulierende Fragen ... 93
        11.4.3 Teilnehmende Fragen ... 94
        11.4.4 Zirkuläre Fragen ... 94
        11.4.5 Abschließende Fragen ... 95
    11.5 Das Wichtigste zusammengefasst ... 96

12 Literatur-Verzeichnis ... 96

ECo-C Modul Selbstmarketing – Lernziel ... 99

1 Einleitung ... 100

2 Marketing – Begriffsklärung & Grundlagen ... 102
   2.1 Marke ... 102
   2.2 Markt ... 102
   2.3 Marketing ... 103
   2.4 Marketing-Mix – zentrale Aspekte ... 103
      2.4.1 Price (Preis) ... 104
      2.4.2 Product (Produkt) ... 105
      2.4.3 Promotion (Kommunikation) ... 105
      2.4.4 Place (Distribution/Vertrieb) ... 106
   2.5 Marketing-Mix – weitere Aspekte ... 107
      2.5.1 Personnel (Personal) ... 107
      2.5.2 Process Management (Prozess-Management) ... 107
      2.5.3 Physical Facilities (Ausstattung) ... 108
   2.6 Das Wichtigste zusammengefasst ... 109

3 Marketing-Fachbegriffe und ihre Bedeutung fürs Selbstmarketing ... 110
   3.1 Markt-Analyse und Beobachtung ... 110
      3.1.1 Markt erkunden ... 110
   3.2 Bedürfnisse und Bedarf ... 111
      3.2.1 Bedarf erheben ... 113
   3.3 Zielgruppe ... 114
      3.3.1 Zielgruppe definieren ... 114
   3.4 Mitbewerb oder Konkurrenz ... 115
      3.4.1 Mitbewerb ausloten ... 115
   3.5 Benchmarking (sich an den Besten messen) ... 116
      3.5.1 An Vorbildern orientieren ... 117
   3.6 Positionierung ... 117
      3.6.1 Klar sagen, was man zu bieten hat und für wen ... 118
   3.7 Consumer-Benefit (Kunden-Nutzen) ... 118
      3.7.1 Zielgruppen-Nutzen definieren ... 120
   3.8 USP (Einzigartiges Verkaufs-Versprechen) ... 120
      3.8.1 Einzigartiges herausstreichen ... 122
   3.9 Reason Why (Glaubwürdigkeit) ... 123

  3.9.1 Beweis antreten 123
 3.10 Corporate Identity (CI) & Corporate Design (CD) 124
  3.10.1 Persönlichen Stil entwickeln 125
  3.10.2 Auch schriftlich einen guten Eindruck machen 126
 3.11 Das Wichtigste zusammengefasst 127

4 Selbstmarketing-Tipps 128
 4.1 Strategisch angehen 128
  4.1.1 Innere Einstellung überprüfen 129
  4.1.2 Ziele setzen 130
  4.1.3 Chancen wahrnehmen 130
  4.1.4 Initiative zeigen 131
  4.1.5 Überblick behalten 131
 4.2 Persönlichkeit zeigen 132
  4.2.1 Positive Einstellung signalisieren 133
  4.2.2 Authentisch sein 133
  4.2.3 Angenehme Umgangsformen pflegen 134
  4.2.4 Von Anfang an einen guten Eindruck machen 135
  4.2.5 Angemessenes Outfit wählen 135
 4.3 Kompetenz signalisieren 135
  4.3.1 Selbstsicherheit ausstrahlen 136
  4.3.2 Die eigene Meinung klar vertreten 137
  4.3.3 Selbstverantwortlich agieren 138
 4.4 Sich selbst richtig einschätzen 138
  4.4.1 (Selbst)kritikfähig sein 139
  4.4.2 Stärken stärken – Schwächen schwächen 140
 4.5 Soziale Kompetenz beweisen 140
  4.5.1 Andere anerkennen 141
  4.5.2 Vorurteile reflektieren (überdenken) 141
  4.5.3 Klar und freundlich Grenzen ziehen 142
 4.6 Lösungsorientiert vorgehen 143
  4.6.1 Ideen einbringen 143
  4.6.2 Lösungen aufzeigen statt Probleme wälzen 143
 4.7 Den Horizont erweitern 144
  4.7.1 Netzwerke und Kontakte pflegen 145
 4.8 Tipps für erfolgreiche Eigen-PR 145
 4.9 Das Wichtigste zusammengefasst 147

5 „Ihr Auftritt bitte" – Tipps für eine gelungene Präsentation ... 148
- 5.1 Umfassend vorbereiten ... 148
- 5.2 Auf gute Rahmenbedingungen achten ... 149
- 5.3 Publikum/Zielgruppe erkunden ... 149
- 5.4 SMARTE Ziele setzen ... 150
- 5.5 Material sammeln und Konzept erstellen ... 151
- 5.6 Gliederung festlegen ... 153
- 5.7 Mit Kreativitäts-Techniken Ideen sammeln ... 154
  - 5.7.1 Brainstorming („Gedankensturm") ... 155
  - 5.7.2 Mind Mapping ... 158
- 5.8 Nutzen stiften ... 160
- 5.9 Argumentations-Dramaturgie entwickeln ... 162
- 5.10 Lampenfieber positiv nutzen ... 162
  - 5.10.1 Lampenfieber – Erste Hilfe-Tipps ... 163
- 5.11 Wirkungsvoll inszenieren mit der AIDA-Formel ... 164
- 5.12 Authentisch vortragen ... 165
- 5.13 Körpersprache gekonnt einsetzen ... 165
  - 5.13.1 Mit Stimme und Sprechtechnik Stimmung machen ... 166
  - 5.13.2 Ausdrucksvoll sicher und verständlich sprechen ... 169
  - 5.13.3 Mit Blickkontakt Beziehung aufbauen ... 170
  - 5.13.4 Mit Gesten unterstreichen ... 171
- 5.14 Medien und Mittel richtig einsetzen ... 171
  - 5.14.1 Flipchart richtig nutzen ... 173
  - 5.14.2 PowerPoint gekonnt einsetzen ... 174
  - 5.14.3 Mit dem Beamer richtig umgehen ... 175
- 5.15 Grafiken und Visualisierungen nutzen ... 175
  - 5.15.1 Diagramme sinnvoll einsetzen ... 177
- 5.16 Mit Stichwortkarten umgehen ... 177
- 5.17 Mit schriftlichen Unterlagen Eindruck machen ... 179
  - 5.17.1 Texte lesefreundlich gestalten ... 179
  - 5.17.2 Gekonnt formulieren ... 181
- 5.18 Rhetorik-Grundlagen beherrschen ... 182
  - 5.18.1 Schwierige Situationen meistern ... 183
  - 5.18.2 Auf Einwände richtig reagieren ... 183
- 5.19 Kontakt zum Publikum herstellen ... 184
  - 5.19.1 Grundregeln für effektiven Beziehungsaufbau beachten ... 184
  - 5.19.2 Keine Angst vor Fragen haben ... 185

	5.20 Eindrucksvollen Schlusspunkt setzen	186
	5.21 Prozess reflektieren	186
	5.22 Das Wichtigste zusammengefasst	187
6	**Meetings erfolgreich abhalten**	188
	6.1 Meeting-Regeln	189
	6.2 Voraussetzungen für erfolgreiche Meetings	191
	6.3 Das Wichtigste zusammengefasst	194
7	**Literatur-Verzeichnis**	194
8	**Fachbegriffe leicht erklärt**	198

ECo-C Modul Kommunikation – Lernziel

Sie verstehen, wie zwischenmenschliche Kommunikation funktioniert, kennen die wesentlichen Techniken und Modelle und können so Missverständnissen vorbeugen und diese vermeiden. Sie machen sich mit den Grundlagen der Rhetorik vertraut, beherrschen die wichtigsten Frage-Techniken, kennen die Elemente der Körpersprache und können diese situationsgerecht einsetzen.

Mit positiver Absolvierung der ECo-C-Zertifizierung verbessern Sie nachweislich Ihre persönliche und Ihre soziale Kompetenz.

Modul // Kommunikation

1 Einleitung

Willkommen im Kommunikationszeitalter!

Schneller, komplexer, vielschichtiger. Das sind nur einige Superlative, die unsere moderne Welt beschreiben. Auf Kommunikation treffen sie besonders zu. Denn Kommunikation vernetzt uns mit einer zunehmend schnelllebigen, komplexen und vernetzten Welt.
Doch je näher wir „zusammenrücken", desto stärker spüren wir, was uns trennt. „Miteinander reden" kommt oft zu kurz. Missverständnisse sind vorprogrammiert. Nicht nur deshalb sind „Soft Skills" heute beruflich und privat so wichtig und gefragt. Kommunikations-Kompetenz als „Schlüssel-Kompetenz" hilft uns, Unterschiede zu überwinden. Sie ermöglicht, dass wir uns einbringen, austauschen, mit anderen auseinandersetzen und – sowohl persönlich als auch im Hinblick auf gemeinsame höhere Ziele – weiterentwickeln.

Zur Einstimmung auf das Thema ...

Kommunikations-Kompetenz ist das, was wir uns vom Gegenüber wünschen. Doch: Wie viel Kommunikations-Kompetenz besitzen wir selbst? Werden wir ihr immer und überall gerecht? – Wann? Wann nicht?
Rufen Sie sich zur Einstimmung eine Kommunikations-Situation in Erinnerung, wo Sie sich besonders wohl gefühlt haben und denken Sie dann – zum Vergleich – an eine Situation, wo Sie sich besonders unwohl fühlten.

- Was war anders?
- An den Rahmenbedingungen?
- An Ihrem Verhalten?
- Am Verhalten Ihres Gegenübers?
- Was war Ihr Anteil am jeweiligen Verlauf?

„Richtig kommunizieren"– im Sinne von füreinander Verständnis schaffen, aufeinander eingehen, ist in der Praxis nicht immer leicht. Wir werden deshalb im Rahmen des Moduls hilfreiche, auf gegenseitiges Verstehen abzielende Kommunikations-

Modul // Kommunikation

1 Einleitung

Modelle und Techniken kennen lernen und uns mit jenen Gegebenheiten auseinandersetzen, die uns manchmal vortäuschen, unsere Kommunikations-Signale wären so eindeutig und allgemeingültig wie das kleine Einmaleins.

Kommunikations-Kompetenz hilft uns, konstruktiv (mit Blick auf ein für alle Seiten befriedigendes Ergebnis) miteinander und auch mit Missverständnissen umzugehen.

Einzige Voraussetzungen, um uns auf so verstandene Kommunikation einzulassen, sind:

- Empathie (= Einfühlungs-Vermögen) und
- Reflexions-Vermögen (= Fähigkeit, das eigene Verhalten zu hinterfragen)

Wenn Sie am Ende wissen, was Sie in kritischen Situationen im positiven Sinn hätten anders machen können, ist das schon ein großer Schritt in die richtige Richtung.

Modul // Kommunikation

2 Begriffsklärung

Kommunikation – was bedeutet das?

Oberflächlich betrachtet, verstehen wir unter Kommunikation den Transport von Nachrichten. Botschaften werden dabei oft wie „Waren" betrachtet, die von A nach B übermittelt werden und dabei „die Besitzerin/den Besitzer" wechseln. Dass das nicht zutrifft, leuchtet bei näherer Auseinandersetzung mit dem Thema ein. Denn die übermittelte Botschaft geht dem Sender/der Senderin nicht verloren. Sie wird vielmehr mit dem Empfänger/der Empfängerin geteilt. Kommunikation schafft also etwas Gemeinsames. Übermittlung bzw. Transport bilden lediglich die Voraussetzung *für* Kommunikation.[1]

communicare (lat.) = etwas mit Anderen teilen

Etwas mitteilen bedeutet im wahrsten Sinn des Wortes, etwas mit Anderen teilen, und zwar wechselseitig. Im Alltag sind das zunächst Gedanken. Ausgedrückt durch verbale Sprache, Körpersprache, Texte oder Bilder. Heute oft unterstützt durch technische Geräte (Computer, Telefon ...).

---

[1] Vgl.: Kommunikationswissenschaft (Beck, UTB Basics, UVK Verlagsgesellschaft, Konstanz 2007)

Modul // Kommunikation

3 Grundlegende Kommunikations-Modelle

Die in diesem Kapitel vorgestellten Modelle liefern die Basis für viele weiterführende Modelle, behandelt in den Kapiteln 7 und 8.

3.1 Sender–Empfänger-Modell (nach Shannon/Weaver)

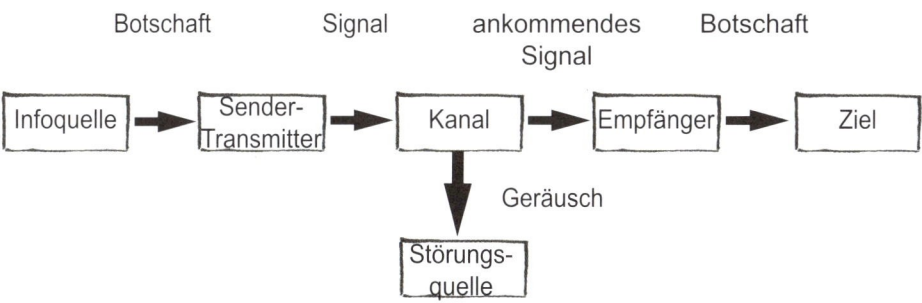

Das Sender-Empfänger-Modell lässt die Bedeutung außer Acht

Shannon und Weaver hatten als Nachrichten-Techniker den Anspruch, technische Übertragung möglichst effizient zu gestalten. In diesem Sinn ist ihr Modell zu verstehen. Für die menschliche Kommunikation ist das Sender-Empfänger-Modell[2] (auch „Kanal-Modell") äußerst unzureichend. Denn es beschreibt lediglich die „technische" Seite der Signal-Übertragung und geht nicht auf die Bedeutung ein. Dazu ein Beispiel: Rein technisch ist es völlig unerheblich, ob die Antwort auf die Frage „Liebst du mich?" *ja* oder *nein* lautet. Für die menschliche Kommunikation macht das sehr wohl einen Unterschied!
Auch die Aussage „Ich liebe dich!" zu wiederholen, bringt rein technisch nichts (ist somit als Information redundant (= überflüssig)). In der zwischenmenschlichen Kommunikation hingegen bedeutet Wiederholung Verstärkung!

---

[2] Sofern sich „Sender bzw. Empfänger" auf Kommunikations-Modelle beziehen, verzichten wir auf die weibliche Formulierung, da es sich um wissenschaftliche Fach-Begriffe handelt.

Modul // Kommunikation

3 Grundlegende Kommunikations-Modelle

3.2 Kodier-Dekodier-Modell (nach Stuart Hall)

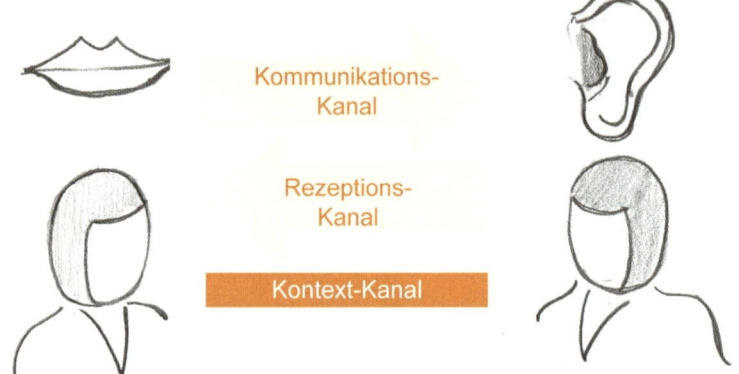

Individueller Background
Person A
(Kontext, Erfahrung, Typ)

Individueller Background
Person B
(Kontext, Erfahrung, Typ)

Das Kodier-Dekodier-Modell geht auf die Bedeutung ein

In Kenntnis des Sender-Empfänger-Modells entwickelte Stuart Hall im Zuge seiner „Cultural Studies" zur Analyse von Massenmedien das Kodier-Dekodier-Modell[3]. Im Gegensatz zu anderen Modellen, die in diesem Zusammenhang von einem technisch-linearen „Reiz-Reaktions-Schema" ausgehen, legt Hall den Fokus auf die Bedeutung (Denotation).

Dabei geht Hall davon aus, dass jedes Zeichen prinzipiell mehrere und verschiedene Bedeutungen haben kann. Einem speziellen Zeichen auch alle vom jeweiligen Kontext (Zusammenhang) abhängigen Mit-Bedeutungen (Konnotationen) gleichzeitig zuzuweisen, ist unmöglich. Der Kontext, in dem ein Zeichen geäußert wird, begrenzt die Zahl der möglichen Bedeutungs-Varianten.

---

[3] Quelle: Website/Freie Universität Berlin/Juni/2010

Modul // Kommunikation

3 Grundlegende Kommunikations-Modelle

Zeichen-Produktion (Kodieren) und Rezeption (Dekodieren) sind demzufolge zwar nicht identisch, jedoch stets aufeinander bezogen und durch ähnliche Einflüsse bestimmt.

Ist das „richtige" Verstehen zwischen Sender und Empfänger gestört, spricht man von Verzerrung durch einen Filter wie z. B. sprachliche Barrieren oder unterschiedliche Sozialisation (Eingliederung in die Gesellschaft).

3.3 Eisberg-Modell (nach Sigmund Freud)

Was zählt, erkennt man oft erst auf den zweiten Blick

Das Eisberg-Modell geht zurück auf den Begründer der Psychoanalyse, den Österreicher Sigmund Freud (1856 – 1939). Es besagt, dass das Wesentliche – wie beim Eisberg – unter der Oberfläche liegt.

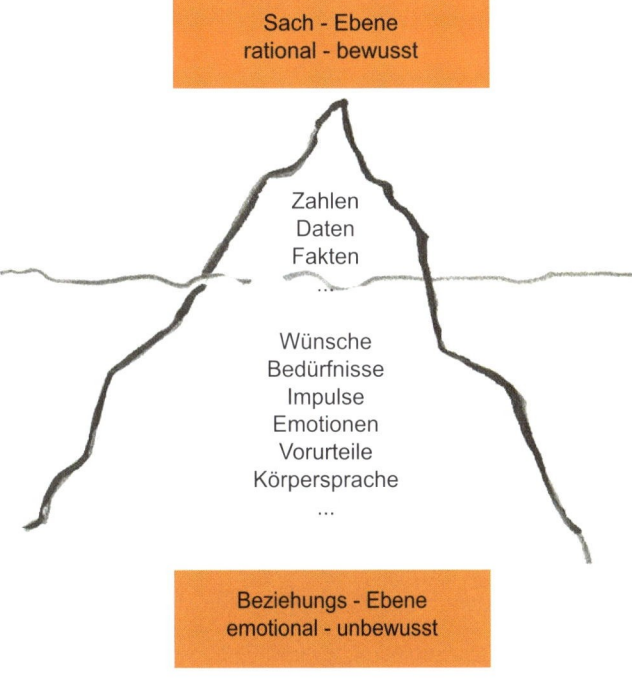

Abbildung: Eisberg-Modell

Modul // Kommunikation

3 Grundlegende Kommunikations-Modelle

Für Kommunikations-Prozesse bedeutet das:

Offensichtlich ist nur die Sach-Ebene. Sie verkörpert den rationalen, bewussten Anteil unserer Persönlichkeit (Sachinhalt, Zahlen, Fakten ...). Die Beziehungs-Ebene mit unseren emotionalen, unbewussten Persönlichkeits-Anteilen (Wünsche, Bedürfnisse, Emotionen ...) hingegen, bleibt auf den ersten Blick verborgen.
Diese grundsätzliche Unterscheidung zwischen Sach- und Beziehungs-Ebene findet sich auch in den an späterer Stelle beschriebenen Modellen von Watzlawick und Schulz von Thun.

Gestörte Beziehung – schwieriger Gesprächsverlauf

Die Beziehungsebene beeinflusst die Sachebene: Störungen auf Beziehungsebene wirken demnach auch auf die Sachebene. Denn letztere spielt mit ca. 20 % nur eine untergeordnete Rolle. Der Großteil (ca. 80 %) liegt unterhalb des Wasserspiegels. Im Hinblick auf Kommunikations-Probleme leiten sich daraus 2 Regeln ab, die uns im täglichen Leben von Nutzen sein können:
1) Offensichtliche Kommunikations-Probleme auf Sach-Ebene haben ihre versteckte Ursache häufig auf Beziehungs-Ebene.
2) Kommunikations-Probleme müssen auf jener Ebene gelöst werden, auf der sie verursacht werden.

3.4 Kommunikations-Modell (nach Paul Watzlawick)

Der österreichische Kommunikations- und Sozialpsychologe, Paul Watzlawick (1921- 2007) formulierte 5 Kommunikations-Axiome[4] (= wissenschaftliche Grund-Annahmen). Den Hintergrund lieferten folgende Aspekte der Systemtheorie[5]:

- Systeme bestehen aus abgrenzbaren Elementen
- Zwischen den Elementen gibt es Wechselbeziehungen (Interaktionen)

---
[4] Vgl.: Menschliche Kommunikation. Formen, Störungen, Paradoxien (Watzlawick/Beavin/Jackson, Huber 1969)
[5] Vgl.: Grundlagen der Kommunikation (Walter Simon, GABAL 2007)

Modul // Kommunikation

3 Grundlegende Kommunikations-Modelle

- Jedes System besitzt eine mehr oder weniger durchlässige Grenze nach außen
- Die Beziehungen zwischen einem System und seiner Umgebung (Umwelt) entstehen an den jeweiligen Systemgrenzen. Dort entscheidet sich, was hereinkommt (Input) bzw. was herauskommen kann (Output)
- Systeme entwickeln sich im Allgemeinen zielgerichtet

3.4.1 Die 5 Kommunikations-Axiome

1) **Man kann nicht *nicht* kommunizieren.**
   Dieses erste und bekannteste Axiom geht davon aus, dass es unmöglich ist, sich „nicht" zu verhalten. Da Kommunikation eine Handlung ist, ist es demzufolge auch unmöglich, „nicht" zu kommunizieren. Selbst hartnäckiges Schweigen drückt etwas aus. Zum Beispiel, dass ich nicht kommunizieren kann oder möchte.

2) **Jede Kommunikation hat einen Inhalts- und einen Beziehungs-Aspekt.**
   Letzterer drückt die jeweilige Beziehung zum Gegenüber aus. Nach Watzlawick ist der Beziehungs-Aspekt dem Inhalts-Aspekt übergeordnet. Der Inhalt ist demnach wesentlich davon bestimmt, *wie* ich etwas sage (Stimme, Tonfall, Gestik ...)

3) **Die Interpunktion[6] der Ereignisfolge definiert die Beziehung.**
   Jeder Partner setzt zu Beginn eines Kommunikations-Ablaufs einen eigenen Anfangspunkt (Interpunktion). Je nach Sichtweise entsteht daraus eine spezifische Struktur. Sind die Interpunktionen der Partner unterschiedlich, kommt es zu Missverständnissen und die Kommunikation bewegt sich nach dem Motto „Was war zuerst da, die Henne oder das Ei?" im Kreis.

4) **Kommunikation kann digital oder analog erfolgen.**
   Zwischenmenschliche Kommunikation kann digital (hier: eindeutig) oder analog (hier: mehrdeutig) sein. Bei digitaler Kommunikation besteht weitgehend Einigkeit der Gesprächs-PartnerInnen über die Bedeutung der Zeichen (Buchstaben, Zahlen, Bilder). So hat z. B. „Haus" in unserem Kulturkreis eine relativ

---

[6] Siehe auch Kapitel „Kommunikations-Tipps für schwierige Gespräche"

Modul // Kommunikation

3 Grundlegende Kommunikations-Modelle

klare Bedeutung. Körpersprachliche (analoge) Signale sind weit weniger klar. So kann z. B. ein Lächeln unterschiedliches bedeuten (Freude, Verlegenheit ...)

5) Kommunikation verläuft entweder symmetrisch oder komplementär.
Ob die Beziehung zwischen Gesprächs-PartnerInnen gleichrangig (symmetrisch) oder unterschiedlich (komplementär) ist, hat Einfluss auf das Kommunikations-Verhalten. Symmetrische Interaktionen zeichnen sich durch Streben nach Gleichheit und Verminderung von Unterschieden zwischen den PartnerInnen aus. Bei komplementären Interaktionen ergänzen einander die Verhaltensweisen der Kommunikations-PartnerInnen (wenn z. B. ein Vorgesetzter/eine Vorgesetzte mehr redet als der/die Mitarbeiter/in).

In einer zusammenfassenden Betrachtung der 5 Axiome stellen Watzlawick und seine Mitautoren fest: „So macht die Unmöglichkeit, *nicht* zu kommunizieren, alle Zwei-oder-mehr-Personen Situationen zu zwischenpersönlichen, kommunikativen; der Beziehungsaspekt solcher Kommunikationen umreißt diesen Umstand noch enger. Die pragmatische zwischenmenschliche Bedeutung der digitalen und analogen Kommunikationsmodalitäten liegt nicht nur in ihrer weitgehenden Isomorphie (Anmerkung: Entsprechung eines Bewusstseinszustandes mit einem physischen Prozess) mit dem Inhalts- und Beziehungsaspekt jeder Mitteilung, sondern darüber hinaus in der unvermeidlichen, aber wichtigen Doppeldeutigkeit, mit der sich Sender wie Empfänger beim Übersetzen von der einen in die andere Modalität auseinanderzusetzen haben."[7]

Abschließend noch ein Hinweis für besonders Interessierte: Natürlich gibt es auch kritische Auseinandersetzungen mit diesen Axiomen (z. B. Bettina Girgensohn-Marchand: Der Mythos Watzlawick und die Folgen.)
Zur weiteren Einstimmung auf die Tücken der menschlichen Kommunikation noch eine Aussage der Kommunikations-Wissenschaftler Horst Avenarius und Hans Domizlaff: „Niemand kann nicht *nicht* kommunizieren. Aber nicht verstanden werden kann jeder sehr leicht."

[7] Vgl.: Menschliche Kommunikation. Formen, Störungen, Paradoxien (Watzlawick/Beavin/Jackson, Huber 1969), S. 70

Modul // Kommunikation

3 Grundlegende Kommunikations-Modelle

3.5 Das Wichtigste zusammengefasst

- Kommunizieren (communicare) bedeutet etwas „mitteilen" im Sinne von „etwas mit Anderen teilen" (Gedanken, Gefühle ...), ausgedrückt durch verbale und nonverbale Sprache.

- Das Sender-Empfänger-Modell oder Kanal-Modell (nach Shannon/Weaver) beschreibt den rein technischen Prozess der Nachrichtenübermittlung und lässt die Bedeutung außer Acht.

- Das Kodier-Dekodier-Modell (nach Stuart Hall), basierend auf dem Sender-Empfänger-Modell, untersucht die von unterschiedlichen Rahmenbedingungen (Persönlichkeit der Kommunizierenden, Background, Umfeld ...) beeinflusste Bedeutung von Kommunikation.

- Das Eisberg-Modell (nach Sigmund Freud) besagt, dass in der Kommunikation das Wesentliche – wie beim Eisberg – unter der Oberfläche liegt und nicht so offensichtlich ist. Die Sach-Ebene repräsentiert den kleineren rationalen Teil (Zahlen, Daten, Fakten). Die Beziehungs-Ebene steht für den emotionalen Teil (Gefühle, Wünsche, Bedürfnisse, Körpersprache ...).

- Paul Watzlawick formulierte 5 Axiome, das bekannteste lautet: „Man kann nicht nicht kommunizieren", genauso wie man sich nicht *nicht* verhalten kann. Auch wer gar nichts sagt, teilt demzufolge etwas mit.

Modul // Kommunikation

4 Kommunikations-Prozess

Gesagt heißt nicht gehört.
Gehört heißt nicht verstanden.
Verstanden heißt nicht einverstanden.
Trotz jahrelanger Übung reden wir oft aneinander vorbei oder verstehen einander falsch. Wir stellen fest, dass unsere verbale Sprache und Körpersprache beim Gegenüber nicht immer so ankommt, wie wir das beabsichtigt hatten.

Entscheidend für das Gelingen von Kommunikation ist demzufolge, dass der Empfänger eine Nachricht „richtig" versteht – im Sinne der Intention (Absicht) des Senders.

Gleich vorweg:
Verantwortlich für das Gelingen von Kommunikation sind Sender *und* Empfänger
Das wird klar, wenn wir den Kommunikations-Prozess Schritt für Schritt betrachten.

1) **Absicht:**
   Sender möchte etwas mitteilen und verfolgt damit eine bestimmte Absicht (= Intention)
2) **Übersetzen:**
   Sender „übersetzt" die Intention in Worte
3) **Senden:**
   Sender spricht seine Absicht aus
4) **Übermitteln:**
   Schallwellen übermitteln die Botschaft zum Empfänger
5) **Empfangen:**
   Empfänger hört das Gesagte
6) **Übersetzen:**
   Empfänger „übersetzt" für sich
7) **Verstehen:**
   Empfänger versteht die Botschaft (im Idealfall gemäß der ursprünglichen

Modul // Kommunikation

4 Kommunikations-Prozess

Intention) und reagiert dementsprechend, verfolgt also wiederum eine bestimmte Absicht

Dabei verläuft Kommunikation nicht linear bzw. nacheinander – im Sinne von A übermittelt an B bzw. B übermittelt zurück an A. Kommunikation ist vielmehr ein Regelkreis.

Bei Missverständnissen ist es ratsam, die einzelnen Schritte genau zu analysieren. Die in weiterer Folge vorgestellten Aspekte, Techniken und Modelle können dazu sehr hilfreich sein.

4.1 Das Wichtigste zusammengefasst

- Abfolge im Kommunikations-Prozess: Absicht ▶ Übersetzen ▶ Senden ▶ Übermitteln ▶ Empfangen ▶ Übersetzen ▶ Verstehen

- Die Verantwortung für das Gelingen von Kommunikation tragen gleichermaßen Sender und Empfänger.

Modul // Kommunikation

5 Kommunikations- /Nachrichten-Arten unterscheiden

Je nach Kategorisierung (Einteilung) gibt es verschiedene Kommunikations- und Nachrichten-Arten. Die gängigsten stellen wir in diesem Kapitel vor.

5.1 Kommunikations-Arten unterscheiden

Verbale Kommunikation: sprachliche Ausdrucksform

Nonverbale Kommunikation: Körpersprache im weitesten Sinn (Mimik, Gestik, Tonfall ...) drückt vor allem unsere inneren Empfindungen aus

Gruppen-Kommunikation: es kommunizieren mehr als 2 Personen (Diskussionen, Konferenz-Schaltung ...)

Massenkommunikation: öffentliche Kommunikation – gekennzeichnet durch unbegrenzte Empfängerschaft, indirekte Vermittlung über Medien, räumliche und zeitliche Distanz der Kommunikations-Partner und Einseitigkeit (kein Rollenwechsel der Kommunikations-Partner). Beispiele: Werbung, Internet

Telekommunikation: elektronischer Informations-Austausch

Computervermittelte Kommunikation: vernetzte Kommunikation (E-Mails, Newsgroups, Chats, Intranet, Video-Konferenzen ...)

5.2 Nachrichten-Arten unterscheiden

Nachrichten unterscheiden wir nach Merkmalen wie Länge und Kürze (Prägnanz) oder auch danach, ob sie „ausdrücklich" (explizit) sind oder „versteckte Botschaften" enthalten (implizit).

Modul // Kommunikation

5 Kommunikations- /Nachrichten-Arten unterscheiden

5.2.1 Explizit – Implizit

Explizite Nachricht: ausdrückliche, klare Botschaft

Implizite Nachricht: enthält eine versteckte Botschaft und ist stark durch nonverbale Signale (Mimik, Betonung,…) mitbestimmt.

ÜBUNG: Bitte finden Sie 2 weitere Beispiel-Paare

Implizit	Explizit
„Der Tank ist schon wieder fast leer."	„Fahr bitte tanken!"
„Siehst du denn noch was mit den langen Stirnfransen?"	„Lass dir die Stirnfransen schneiden!"

5.2.2 Kongruent – Inkongruent

Kongruenz ist die Übereinstimmung von verbaler Aussage und Körpersprache. Das bedeutet, dass alle kommunikativen Aspekte wie Worte, Tonfall oder Körpersprache zusammenpassen. Inkongruenz bedeutet dagegen Widerspruch zwischen verbaler und nonverbaler Botschaft.

Kongruenz: Alle Kommunikations-Signale weisen in eine Richtung.
Inkongruenz: Kommunikations-Signale sind nicht eindeutig, weisen in unterschiedliche Richtungen.

Modul // Kommunikation

5 Kommunikations- / Nachrichten-Arten unterscheiden

Mir geht es prima!

Es ist alles in Ordnung

Für inkongruente Nachrichten haben wir feine Antennen

Auch wenn wir nicht immer sagen können, *was* nicht stimmt, *dass* etwas nicht stimmig ist, spüren wir meist genau.

Tipp: Im Zweifelsfall offen ansprechen! In welcher Form das am besten klappt, ist in den Kapiteln zum Thema ICH-Botschaften und Feedback nachzulesen.

Modul // Kommunikation

5 Kommunikations- / Nachrichten-Arten unterscheiden

5.3 Das Wichtigste zusammengefasst

- Je nach Kategorisierung **unterscheiden** wir beispielsweise **verbale Kommunikation, nonverbale Kommunikation** (Körpersprache), Gruppen-Kommunikation, Computervermittelte Kommunikation, Tele-Kommunikation oder Massen-Kommunikation.

- Bei den **Nachrichten-Arten unterscheiden** wir beispielsweise zwischen **expliziten (ausdrücklichen)** und **impliziten (versteckten)** Botschaften.

- Unterschieden wird auch zwischen kongruenten und inkongruenten Nachrichten.
  Kongruenz bedeutet, dass verbaler **Inhalt und Körpersprache stimmig** sind. Bei **Inkongruenz** sind verbale und nonverbale **Signale widersprüchlich**.

Modul // Kommunikation

6 Nonverbale Kommunikation (Körpersprache)

„Unser Körper ist der Handschuh der Seele, seine Sprache das Wort des Herzens."
(O. Univ.-Prof. Samy Molcho)

Wie wirken wir auf andere Menschen? Was macht sympathisch? Wodurch vermitteln wir Kompetenz? Wie werden wir eingeschätzt? ...

Unsere Wirkung bestimmt weniger das gesprochene Wort, sondern hauptsächlich unsere Körpersprache. Sie vermittelt direkt und in Sekunden-Bruchteilen, was in uns vorgeht, was wir fühlen und denken. Denn Körpersprache ist unmittelbarer als verbale Sprache. Nur ein Bruchteil lässt sich bewusst steuern. Die eigene Körpersprache und natürlich auch die anderer Menschen bewusst wahrzunehmen, lässt sich jedoch trainieren. Wer sich darauf einlässt, kann effektiver agieren und reagieren.

Körpersprache zeigt auch Eigenwirkung

Unsere Körpersprache wirkt nicht nur auf andere. Sie wirkt auch auf uns selbst. Sie beeinflusst unsere Stimmung. Unbewusst, unmittelbar und sehr direkt. Genau das können wir uns zu Nutze machen.

ÜBUNG zum Einstimmen: Körpersprache wahrnehmen

Setzen Sie sich hin, als ob Sie traurig sind. Niedergeschlagen. Kraftlos. Mit hängenden Schultern. Heruntergezogenen Mundwinkeln. Lassen Sie die Schultern hängen. Spüren Sie die Last im Nacken?
Versuchen Sie nun, in dieser Haltung einen positiven Gedanken zu fassen. – Schwierig, oder?

Und jetzt umgekehrt: Richten Sie sich auf! Brust heraus. Kopf nach oben. Blick nach vorn. Lächeln Sie! Nicht nur mit den Lippen, auch mit den Augen!
Versuchen Sie nun, an etwas Negatives zu denken. – Ebenso schwierig, oder?

Modul // Kommunikation

6 Nonverbale Kommunikation (Körpersprache)

Körpersprache und verbale Sprache sind eng verknüpft

Das zeigt sich an Redewendungen wie:
- jemandem die kalte Schulter zeigen
- die Ohren auf Durchzug schalten

Solche Redewendungen aus der Alltags-Sprache verraten uns viel über unser Kommunikations-Vermögen & -Verhalten und lassen darüber hinaus erkennen, wo viele der Ursachen für unsere „Kommunikations-Probleme" zu finden sind.

6.1 Ein Blick sagt mehr als 1000 Worte

Laut Studie von Mehrabian (1971) bestimmen folgende Anteile, wie eine Botschaft wirkt:

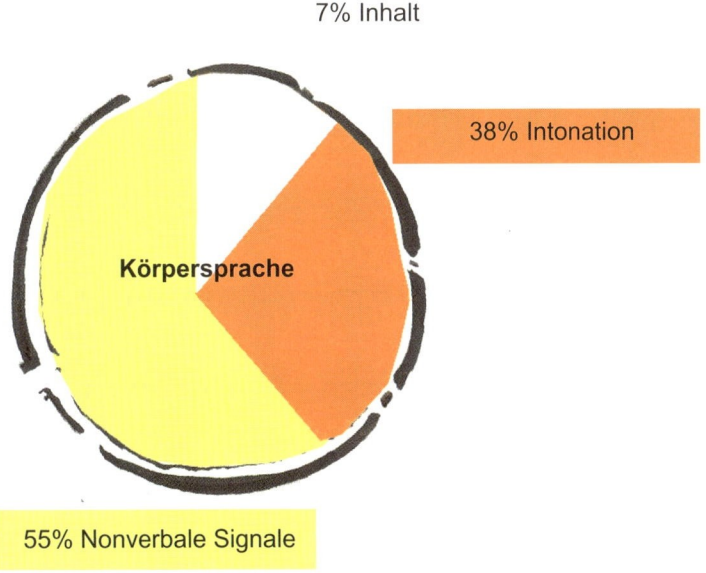

Modul // Kommunikation

6 Nonverbale Kommunikation (Körpersprache)

Was beim Gegenüber hängen bleibt, entscheidet sich großteils über die Körpersprache. Zwar ist deren Gesamt-Anteil bei Mehrabian mit 93 % sehr hoch gegriffen, von mindestens 80 % gehen aber alle vergleichbaren Theorien aus.

6.2 Einfluss-Faktoren

Jeder Körper spricht eine andere Sprache, manchmal nur in Nuancen. Faktoren wie Geschlecht, Temperament (Gemütsart), kultureller Hintergrund, beruflicher oder privater Kontext spielen eine Rolle.

Aus Anthropologie und Verhaltensforschung wissen wir darüber hinaus, dass viele Körpersprache-Muster genetisch bedingt sind und weitergegeben werden. Körpersprache ist demnach ein „überlieferter Code". Seine Funktion besteht darin, menschliche Beziehungen zu regulieren, Machtstrukturen aufrechtzuerhalten und die soziale Ordnung sicherzustellen.

Körpersprache hängt auch vom Kontext ab

Je nach Situation, können körpersprachliche Signale verschiedene Bedeutung haben. Mitunter kann eine Geste im privaten Zusammenhang (z. B. beim Flirten) das Gegenteil von dem bedeuten, was sie im beruflichen Umfeld aussagen würde. In unserem Zusammenhang beschäftigen wir uns in erster Linie mit dem beruflichen „Körpersprache-Vokabular."

Bevor wir näher auf das Thema eingehen, 2 Tipps:

- Machen Sie sich bewusst, dass Interpretationen der Körpersprache nicht allgemein gültig, sondern Vermutungen sind. Ziehen Sie also keine falschen Schlüsse, indem Sie ein einzelnes Körpersprache-Signal isoliert betrachten.
- Halten Sie sich vor Augen, dass „der erste Eindruck" zählt und achten Sie auf die Signale, die Sie senden.

Modul // Kommunikation

6 Nonverbale Kommunikation (Körpersprache)

Körpersprache ist interkulturell verschieden

In der westlichen Welt beispielsweise bedeutet Kopfschütteln *nein* und Nicken *ja*. In Indien z. B. ist das in vielen Bevölkerungs-Gruppen umgekehrt. Laut einer Studie wurden allerdings die folgenden 7 Gefühlsausdrücke weltweit signifikant hoch übereinstimmend dekodiert. Das bedeutet, dass sie weltweit nahezu gleich „entschlüsselt" werden.

- Abscheu
- Angst
- Freude
- Interesse
- Trauer
- Überraschung
- Wut

6.3 Wesentliche Elemente

Über Körpersprache – im Eisberg-Modell auf der unbewussten, emotionalen Beziehungs-Ebene angesiedelt – drücken wir aus, was uns bewegt. Unmittelbar und weitgehend unbewusst. Nicht immer stimmen die körpersprachlichen Signale mit unseren verbalen Aussagen überein (vgl. Kongruenz – Inkongruenz).

Ausdrucksmittel der Körpersprache
- Mimik (Gesichtsausdruck, Blick ...)
- Gestik (Arme, Hände, ev. Kopf ...)
- Blickkontakt
- Körperhaltung
- Gangart
- Körperbewegungen
- Sprache/Stimme (Intonation)
- Paralinguale Phänomene (Stimmqualität, nicht sprachliche Laute wie Lachen, Gähnen, Pfeifen ...)

Modul // Kommunikation

6 Nonverbale Kommunikation (Körpersprache)

- Körperkontakt
- Abstand zu anderen (Körper-Zonen)
- Position im Raum
- Revierverhalten
- Geruchsausstrahlung
- Empfindlichkeit der Haut auf Berührungs-Reize (Temperatur)
- Äußeres Erscheinungsbild (Kleidung, Frisur …)
- usw.

6.3.1 Körperhaltung

Im Zusammenspiel mit Mimik, Gestik und Stimme vermittelt die Körperhaltung unsere emotionale Verfassung. Darüber hinaus drückt sie – wie der Begriff schon nahelegt – unsere innere Haltung aus. Im zwischenmenschlichen Gespräch deuten unterschiedliche Körperhaltungen auf unterschiedliche Positionen hin. Im Hinblick darauf, was unser Gegenüber – verbal und nonverbal – zum Ausdruck bringt.

Grundsätzlich unterscheiden lässt sich zwischen:
- unterspannter und
- überspannter Haltung[8]

Kennzeichen der „überspannten" Körperhaltung:
- angespannte Muskulatur
- starrer Blick
- Kopf und Oberkörper nach hinten gedrückt
- vorgeschobenes Becken
- durchgestreckte Knie
- Füße geschlossen

In einem Gespräch wirkt die überspannte Haltung eher negativ.

---

[8] Vgl.: Körper-Sprache
(Tiziana Bruno/Georg Adamczyk, HAUFE Taschenguide, S. 20 f)

Modul // Kommunikation

6 Nonverbale Kommunikation (Körpersprache)

Kennzeichen der „unterspannten" Körperhaltung:
- schlaffe Muskulatur
- hängende Schultern
- umherschweifender oder nach innen gerichteter Blick
- Bewegungsabläufe scheinbar ohne Initiative
- insgesamt müde und antriebslos

Oft signalisiert diese „unterspannte" Haltung, dass wir (momentan) kein Interesse an unserer Umwelt haben bzw. uns nicht mit einem Sachverhalt auseinandersetzen können oder wollen.
Je nach Situation, kann diese Haltung aber auch Gelassenheit signalisieren.

Typische Körperhaltungen und ihre Wirkung in Gesprächs-Situationen

Offene Haltung:
In Verbindung mit einem offenen, freundlichen Blick und offenen Gesten wirkt sie lebhaft, einladend und entspannt und signalisiert Aufgeschlossenheit und Souveränität.

Geschlossene Haltung:
Sie umfasst alle Signale, die uns „schützen" (gesenkter Kopf, gebeugter Oberkörper, verschränkte Arme, misstrauischer Blick, Barrieren durch Gegenstände ...) und kann Misstrauen, Desinteresse oder Vorbehalte signalisieren.

Standbein und Spielbein:
Wer im Gespräch oder in einem Vortrag das Standbein zu oft wechselt, kann unruhig oder gelangweilt wirken bzw. signalisieren, dass er oder sie keinen festen Standpunkt hat.

Winkel und Abstand zum Gegenüber[9]**:**
Ideal im Zweiergespräch ist ein Winkel von 45 Grad zum Gegenüber. Bei ungeteilter Aufmerksamkeit oder auch Konfrontation kann sich dieser Winkel auf bis

---
[9] Vgl.: Die kalte Schulter und der warme Händedruck
(Allan & Barbara Pease, ULLSTEIN, S. 260 f)

Modul // Kommunikation

6 Nonverbale Kommunikation (Körpersprache)

zu 0 Grad (Gesprächs-PartnerInnen stehen einander dann direkt gegenüber) reduzieren.
Die Verringerung des Abstands zum/zur Gesprächs-Partner/in kann je nach Situation als positiv oder bedrohlich empfunden werden.

6.3.2 Mimik

Die Mimik ist ein sehr ausdrucksstarkes Element unserer Körpersprache. Da gerade Mimik viel über uns verrät, haben wir gelernt, sie stärker zu kontrollieren als andere Elemente unserer Körpersprache.

Im Gespräch unterstützt sie uns, das Gesagte zu unterstreichen (▶ Kongruenz), während wir an der Mimik unserer Gesprächs-PartnerInnen durch permanente Rückmeldung ablesen, *ob* und *wie* wir verstanden werden. Je nachdem, ob unser Gegenüber Überraschung, Misstrauen, Zustimmung, Verärgerung ... signalisiert, können wir als aufmerksame ZuhörerInnen das Gesagte wiederholen, korrigieren u.s.w.

Wesentliche Elemente und Interpretations-Möglichkeiten
- Gesichtsfarbe ▶ gerötet, blass ...?
- Mienenspiel ▶ lebhaft, starr ...?
- Augen-Kontakt ▶ interessiert, desinteressiert ...?
- Augen ▶ leuchtend, matt ...?
- Blickrichtung ▶ direkt, abwesend ...?
- Mund ▶ lächelnd, zusammengekniffen ...?
- Kopfhaltung/Kopfbewegungen ▶ zugewandt, abgewandt ...?

Blickkontakt
Ob beim Sprechen oder Zuhören – Guter Blickkontakt verbessert das Gesprächsklima. Denn wohl dosierter Blick-Kontakt:
- schlägt eine Brücke zum Gegenüber
- vermittelt Interesse

Modul // Kommunikation

6 Nonverbale Kommunikation (Körpersprache)

- baut Vertrauen auf
- unterstreicht die Glaubwürdigkeit
- erhöht bzw. signalisiert Aufmerksamkeit
- regt zum Feedback an

Zu viel kann allerdings überfordern oder vereinnahmend wirken.

6.3.3   Gestik

Gestik begleitet die verbale Sprache, belebt die Kommunikation und unterstreicht normalerweise den Inhalt des Gesagten (▶ Kongruenz). Stimmt sie nicht mit dem Gesagten überein (▶ Inkongruenz), verrät sie meist etwas über unsere wahren Emotionen. Inkongruenz wird vom Gegenüber meist unbewusst registriert und trägt – da die Bedeutung oft unklar ist – zu Verunsicherung und Verwirrung bei. Im Gegensatz zur Mimik ist unsere Gestik in viel geringerem Maße „kontrolliert". Bei einiger Übung lässt sich dadurch viel eher abschätzen, wie unser Gegenüber tatsächlich zum Gesagten steht.

Ob jemand sparsam oder lebhaft gestikuliert, hängt vom Temperament (Gemütsart) und auch vom Kulturkreis ab. Wer kaum oder gar nicht gestikuliert, wirkt meist antriebslos oder unbeteiligt.

Mitunter können einzelne Gesten eine verbale Äußerung punktuell oder vollständig ersetzen (z. B. „Victory-Zeichen"). Vorausgesetzt, sie sind im betreffenden Kulturkreis klar definiert und allgemein verständlich.

Händedruck
Als Begrüßungs-Geste bestimmt der Händedruck meist den ersten Eindruck, den wir bekommen oder hinterlassen. Folgende Varianten legen meist folgende Interpretationen nahe:
- schlapper Händedruck ▶ wirkt zögerlich und wenig selbstbewusst
- verspannter Händedruck mit ausgestrecktem Arm ▶ wirkt misstrauisch

Modul // Kommunikation

6 Nonverbale Kommunikation (Körpersprache)

- „Handschuh" (umschließt die Hand des Gegenübers mit beiden Händen) ▶ drückt Herzlichkeit und Freude aus
- „Oberhand" (drückt Hand des Gegenübers nach unten) ▶ wirkt dominant
- „Knochenbrecher" ▶ wirkt dominant

6.3.4 Körpersprache-Signale erkennen und verstehen

Wie eingangs beschrieben hängt die Bedeutung körpersprachlicher Signale auch vom Umfeld bzw. Zusammenhang (Kontext) ab. Signale können demnach im privaten oder beruflichen Bereich unterschiedliche Bedeutung haben.
Bevor Sie sich ans „Übersetzen" machen, bedenken Sie bitte in jedem Fall: Ausschlaggebend ist immer der Gesamteindruck, nicht ein einzelnes, isoliertes körpersprachliches Signal!

Typische Signale und ihre mögliche Bedeutung im beruflichen Zusammenhang

Signal:	Bedeutung:
Kopf leicht schräg halten	Vertrauenswürdigkeit signalisieren
fester Händedruck	Charakterfestigkeit
lascher Händedruck	Unsicherheit
Hand des Gegenübers bei Begrüßung nach unten drücken	Dominanz
Stirn runzeln	Gehörtes kritisch sehen
Augenbrauen hochziehen	Interesse
guter Blick-Kontakt	Interesse am Gespräch
Oberkörper vorneigen	Interesse am Gespräch
Oberkörper weit zurücklehnen	Ablehnung des Gesagten oder überzeugt worden sein

Modul // Kommunikation

6 Nonverbale Kommunikation (Körpersprache)

sich das Kinn streichen	einen Vorschlag verwerfen
häufig die Lider bewegen	Nervosität
Hand-Innenflächen zeigen	Offenheit
Arme vor der Brust verschränken	Ablehnung oder signalisieren, dass momentan kein Handlungs-Bedarf besteht
Hände in die Hüften gestemmt	Überlegenheit demonstrieren
im Stehen das Standbein häufig wechseln	nicht 100 %-ig zum Gesagten stehen
nur auf der vorderen Sesselkante sitzen	unruhig sein, auf dem Sprung sein

Beispiel-Bilder

Bestrafungsgeste:
Der Griff ans Ohrläppchen als Zeichen für Verärgerung

Angespannte Situation:
Sorgen „wegwischen"

Modul // Kommunikation

6 Nonverbale Kommunikation (Körpersprache)

Angst, Unbehagen:
Schultern hochgezogen, Arme dienen als Schutzbarriere

„Echte Freude":
Mundwinkel zeigen nach oben, die Augen „lachen" mit

Entgegen kommen:
„Jetzt entkräften Sie doch endlich meinen Vorwurf"

Modul // Kommunikation

6 Nonverbale Kommunikation (Körpersprache)

Personifiziertes Unbehagen:
„Stock verschluckt", verräterische Hände hinter dem Rücken

Ohne Worte:
flehen nach Hilfe „von oben"

Unterstreichende Geste:
die Lösung „zeigen"

Modul // Kommunikation

6 Nonverbale Kommunikation (Körpersprache)

Blankes Entsetzen:
offener Mund, aufgerissene Augen

Zweifel:
„Ob das so richtig ist?"

Niedergeschlagenheit:
gesenkter Kopf, hängende Mundwinkel, verkrampfte Hände

Modul // Kommunikation

6 Nonverbale Kommunikation (Körpersprache)

Dominanzgeste:
Hände hinter dem Nacken bedeutet Machtanspruch, evtl. auch Nachdenklichkeit/Arroganz

Nachdenklichkeit:
Streicheln über das Kinn

6.3.2 Äußeres Erscheinungsbild

Elemente:
- Kleidung
- Frisur
- Make up
- Accessoires
- Schuhe
- Schmuck
- Duft
- etc.

Was wir sind oder repräsentieren (darstellen), erlaubt Rückschlüsse auf die:
- Persönlichkeit ▶ stimmig, konventionell, unkonventionell ...?
- Gruppen-Zugehörigkeit ▶ sozialer Status, Beruf ...

Modul // Kommunikation

6 Nonverbale Kommunikation (Körpersprache)

- Arbeitsweise ▶ strukturiert, chaotisch …?
- etc.

Gerade im beruflichen Zusammenhang prägt das äußere Erscheinungsbild als „Image-Faktor" den ersten Eindruck. Image bedeutet dabei „Vorstellung von etwas", ist also nicht automatisch das, was wir sind, sondern steht dafür, wie wir wirken bzw. von außen wahrgenommen werden (wollen). Ein verpatzter erster Auftritt lässt sich dabei nicht so einfach korrigieren. Grundsätzlich gilt: In Bezug auf den jeweiligen Anlass sind Outfit & Co nicht „richtig" oder „falsch", sondern „passend" oder „unpassend" gewählt. Stimmen Image und Persönlichkeit überein, punkten wir bei der Authentizität.

Kleidung als Botschaft

Kleidung ist Verpackung. Gekonnt und sorgfältig ausgewählt, unterstreicht sie Wert und Ausdruck einer Person. Fragen Sie sich vor jedem Auftritt:
- Was ist jeweils angemessen?
- Wie will ich erscheinen?
- Wie will ich jeweils gesehen werden?

Mögliche Rückschlüsse auf Ihr Outfit:
- zu dunkle oder zu weite Kleidung ▶ hier will sich jemand verstecken, tarnen oder unsichtbar machen
- zu extravagant ▶ hier will jemand auffallen
- etwaigen „Dress Code" ignorieren ▶ Respektlosigkeit, Aufmüpfigkeit …
- unangemessene Kleidung ▶ mangelndes Taktgefühl …

6.4 Zonen-Verhalten in der Körpersprache

Wen wir *wie nahe* an uns herankommen lassen, bestimmt unser Zonen-Verhalten. Dabei gibt es – je nach Kulturkreis deutliche Unterschiede. In unseren Breiten gelten folgende Nähe- bzw. Distanz-Angaben:

Modul // Kommunikation

6 Nonverbale Kommunikation (Körpersprache)

Intime Zone ▶ 0,5 m (etwa eine Armlänge)
Für vertraute Menschen reserviert (bei Kindern auch für fremde).
Je höher der Status einer Person, desto eher darf diese Zone auch von weniger vertrauten Menschen „betreten" werden.

Persönliche Zone ▶ 0,5 – 1,5 m
Reserviert für Freunde, gute Bekannte, vertraute KollegInnen.

Soziale Zone ▶ 1,5 – 3,5 m
Reserviert für oberflächliche soziale Kontakte
(weniger vertraute KollegInnen, Vorgesetzte ...).

Öffentliche Zone ▶ ab 3,5 m
Durch technische Unterstützung (z. B. Kameras) kann diese Zone bis ins Unendliche ausgedehnt werden.

Unperson ▶ dringt berufsbedingt in die intime Zone ein (ÄrztInnen ...)

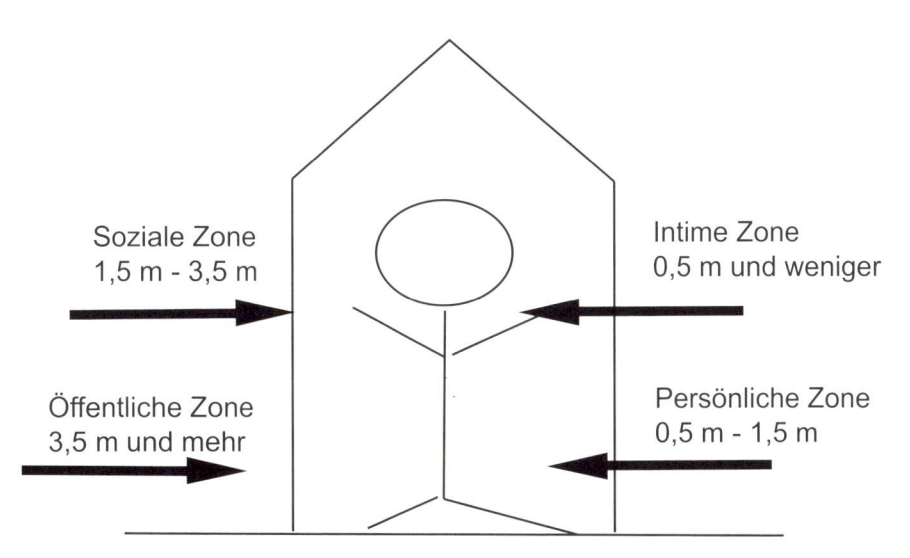

Abbildung: Zonenverhalten in der menschlichen Kommunikation

Modul // Kommunikation

6 Nonverbale Kommunikation (Körpersprache)

6.5 Das Wichtigste zusammengefasst

- **Nonverbale Sprache (Körpersprache)** ist **unmittelbarer als verbale Sprache** und lässt sich bewusst nur sehr schwer steuern.

- **Körpersprache wirkt stärker als verbale Sprache.** Sie beeinflusst laut Studie von Mehrabian zu **93 %**, (55 % nonverbale Signale + 38 % Intonation) was beim Gegenüber hängen bleibt. Der **Inhalt** wirkt nur zu **7 %**. Der Körpersprache-Anteil ist bei Mehrabian zwar hoch gegriffen, von ca. 80 % gehen jedoch alle vergleichbaren Untersuchungen aus.

- **Körpersprache unterliegt Einfluss-Faktoren** wie Geschlecht, Kulturkreis, Temperament etc.

- **Ausdrucksmittel der Körpersprache** sind Haltung, Mimik, Gestik, Stimme, Blickkontakt, Position im Raum, Geruchsausstrahlung, äußeres Erscheinungsbild ...

- Wie nahe wir Andere an uns herankommen lassen, bestimmt das **Zonen-Verhalten.**
  Die jeweiligen Abstände sind je nach Kulturkreis unterschiedlich.

Modul // Kommunikation

7 Weiterführende Kommunikations-Modelle

Die in der Folge beschriebenen Modelle eignen sich gut zur analytischen Betrachtung von Gesprächen oder inneren Prozessen. Sie liefern uns wertvolle „Hintergrund-Informationen" über das Zustandekommen von Missverständnissen und damit Anhaltspunkte, es nächstes Mal besser zu machen.

7.1 4-Ebenen-Modell/Quadrat der Nachricht (nach Schulz von Thun)

Das Quadrat der Nachricht, entwickelt vom deutschen Kommunkationswissenschaftler, Friedemann Schulz von Thun, basiert zum Teil auf Aspekten, die wir schon bei Paul Watzlawick kennengelernt haben. Es eignet sich – vor allem bei Missverständnissen – gut zur analytischen Betrachtung des Gesprächsverlaufs. Denn es verdeutlicht, dass eine Botschaft (verbale Aussage, Körpersprache-Signal) beim Gegenüber nicht immer so ankommen bzw. verstanden werden muss, wie vom Sender beabsichtigt.

Das Modell geht davon aus, dass jede verbale Nachricht – wie auch die Seiten eines Quadrates – 4 Ebenen (Aspekte) hat.

- Wenn ich spreche, teile ich einen Sachverhalt mit ▶ **Information**
- Wenn ich spreche, spreche ich auch über mich ▶ **Selbstkundgabe/-offenbarung**
- Wenn ich spreche, signalisiere ich meinem Gegenüber, was ich von ihr/ihm halte und wie wir zueinander stehen ▶ **Beziehung**
- Wenn ich spreche, versuche ich, bei meinem Gegenüber etwas zu bewirken ▶ **Appell**

4 Ebenen bieten – wie das folgende Beispiel zeigt – viel Spielraum für Interpretationen und damit auch Missverständnisse.

Modul // Kommunikation

7 Weiterführende Kommunikations-Modelle

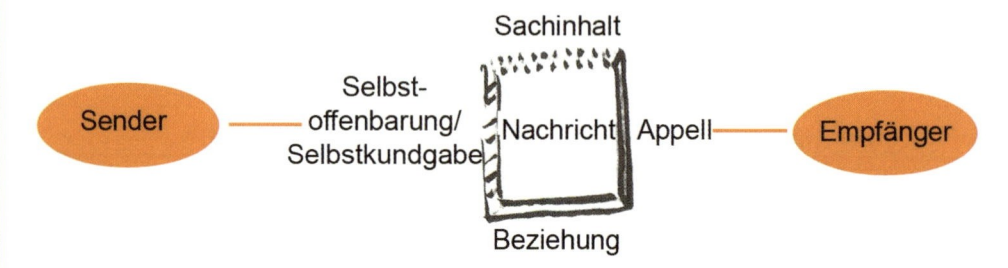

```
                    Sachinhalt
              Selbst-
Sender ── offenbarung/ Nachricht Appell ── Empfänger
          Selbstkundgabe
                    Beziehung
```

Abbildung: 4 Ebenen einer Nachricht. Quelle: F. Schulz v. Thun

7.1.1 Das Quadrat der Nachricht auf Sender-Seite

4 Ebenen – 4 Aspekte – eine Botschaft

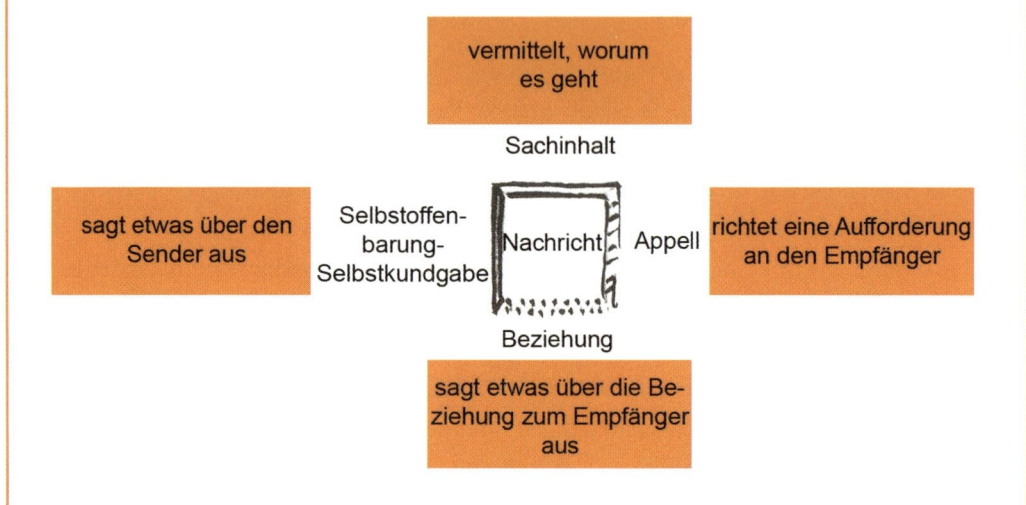

```
                        vermittelt, worum
                            es geht
                           Sachinhalt
 sagt etwas über den   Selbstoffen-                 richtet eine Aufforderung
    Sender aus           barung-    Nachricht Appell    an den Empfänger
                       Selbstkundgabe
                           Beziehung
                        sagt etwas über die Be-
                        ziehung zum Empfänger
                              aus
```

Abbildung: Quadrat einer Nachricht/ 4 Ebenen. Quelle: F. Schulz v. Thun

Modul // Kommunikation

7 Weiterführende Kommunikations-Modelle

4 Ebenen – 4 mögliche Bedeutungen auf Senderseite

„Der Brief muss rasch erledigt werden!"

Nehmen wir diese Aussage eines/einer Vorgesetzten zu seiner/ihrer Assistent/in unter die „Kommunikations-Lupe". Je nach Intention des Senders kann sie unterschiedliche Bedeutung haben bzw. – unabhängig davon – unterschiedlich verstanden werden.

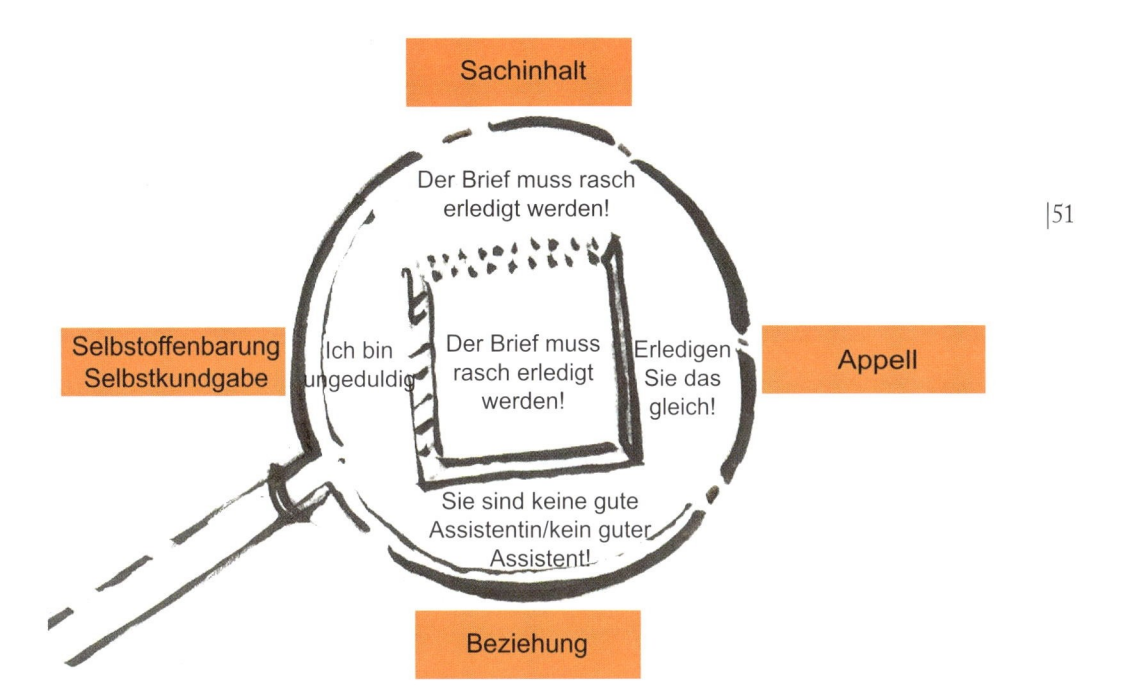

Abbildung: 4 Ebenen einer Nachricht

Modul // Kommunikation

7 Weiterführende Kommunikations-Modelle

ÜBUNG: Mögliche Bedeutungen auf Sender-Ebene finden

Ordnen Sie folgenden Aussagen mögliche Bedeutungen auf den einzelnen Ebenen zu:
- Vorgesetzte zum/zur Abteilungsleiter/in: „Ihr Team hat bei diesem Projekt Mist gebaut!"
- Ein Mann zu seiner Frau: „Das Kind schreit."

Sachebene:

Beziehungsebene:

Selbstkundgabe/-offenbarung:

Appell:

Modul // Kommunikation

7 Weiterführende Kommunikations-Modelle

7.1.2 Nonverbale Signale haben 3 Ebenen

Bei nonverbalen Nachrichten fällt die Sach-Ebene weg. Weil die verbale Schiene fehlt, sind Missverständnisse noch häufiger als bei verbalen Botschaften.

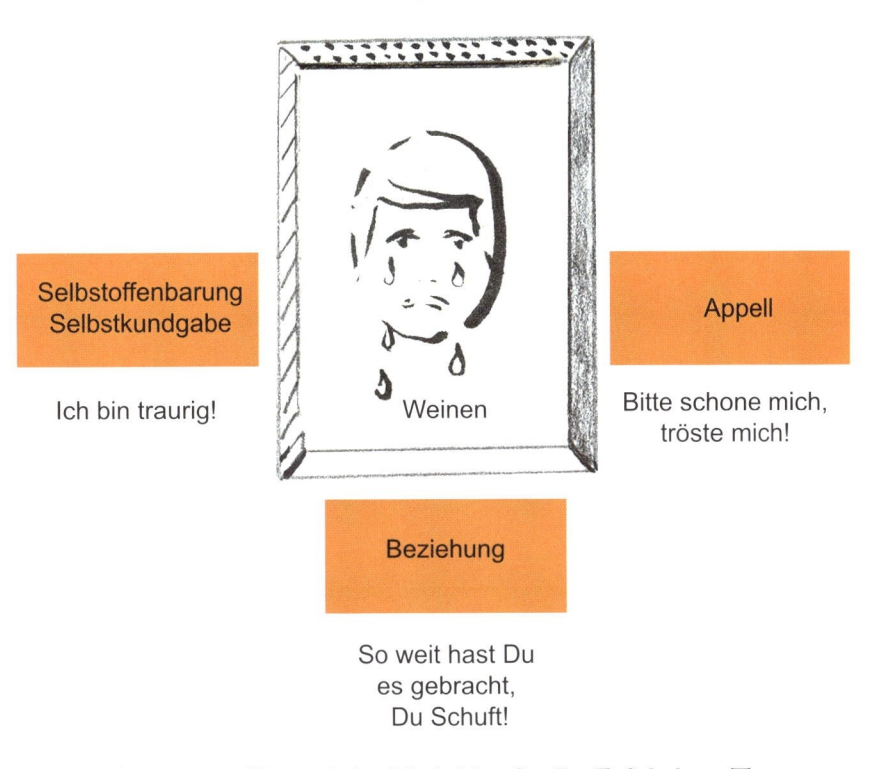

Selbstoffenbarung / Selbstkundgabe
Ich bin traurig!

Weinen

Appell
Bitte schone mich, tröste mich!

Beziehung
So weit hast Du es gebracht, Du Schuft!

3 Seiten einer Nonverbalen Nachricht. Quelle: F. Schulz v. Thun

7.1.3 Das Quadrat der Nachricht auf Empfänger-Seite

Mit „4 Ohren" hören

Das Quadrat der Nachricht hat auch „4 Ohren". Je nachdem welches Ohr wir „eingeschaltet" haben, bestimmt – unabhängig von der Absicht des Senders – wie wir eine Nachricht verstehen.

Modul // Kommunikation

7 Weiterführende Kommunikations-Modelle

Selbstoffenbarungs - Ohr
Selbstkundgabe - Ohr

Was ist das für einer?
Was ist mit ihm?

Sach - Ohr

Wie ist der Sachverhalt zu verstehen?

Beziehungs - Ohr

Wie redet der eigentlich mit mir? Wen glaubt er vor sich zu haben?

Appell - Ohr

Was soll ich tun, denken, fühlen auf Grund seiner Mitteilung?

4 Ohren Modell. Quelle: F. Schulz v. Thun

Wenn ich mit dem:

- **Sach-Ohr höre, frage ich mich:** Wie ist der Sachverhalt zu verstehen?
- **Beziehungs-Ohr höre, frage ich mich:** Wie redet die/der mit mir? Wen glaubt sie/er vor sich zu haben?

Modul // Kommunikation

7 Weiterführende Kommunikations-Modelle

- **Selbstkundgabe-Ohr höre, frage ich mich:** Was ist das für eine/r? Was ist mit ihr/ihm?
- **Appell-Ohr höre, frage ich mich:** Was soll ich aufgrund der Mitteilung denken, fühlen, tun?

7.1.4 Mit dem Quadrat der Nachricht Gespräche analysieren

Fragen Sie sich bei einem Missverständnis, ob Ihr Gegenüber nicht etwas anderes ausdrücken wollte als bei Ihnen angekommen ist. Achten Sie dabei auch auf Signale der Körpersprache (Haltung, Mimik, Gestik, Stimme ...). Haken Sie im Zweifelsfall freundlich und ohne Vorwurf nach!

Tipps:

- Analysieren Sie sich selbst: Auf welchem Ohr hören Sie besser, auf welchem schlechter?
- Achten Sie besonders auf Sach- und Beziehungsebene. Nicht alles, was Sie als persönlichen Angriff verstehen, muss ein Angriff sein.
- Fragen Sie sich, ob Ihnen Ihr Gegenüber etwas über sich selbst mitteilen will.
- Fragen Sie sich, ob Ihr Gegenüber etwas von Ihnen erwartet, was Sie auch erfüllen können oder wollen.

Modul // Kommunikation

7 Weiterführende Kommunikations-Modelle

7.2 Das Wichtigste zusammengefasst

- Das **Quadrat der Nachricht** (nach Schulz von Thun) besagt, dass eine verbale Nachricht prinzipiell **auf 4 unterschiedlichen Ebenen** (Sach-Inhalt, Appell, Selbstkundgabe/-offenbarung, Beziehung) **angesiedelt** sein kann.

- Auf welcher Ebene eine ankommende Botschaft – **unabhängig von der Absicht des Senders – verstanden** wird, ist entscheidend für den Gesprächsverlauf.

- Bei Missverständnissen eignet sich das **Modell gut zur Analyse des Gesprächs-Verlaufs.**

Modul // Kommunikation

8 Klärungs-Modell/Inneres Team (nach Schulz von Thun)

Ob Selbstklärung mittels Reflexion oder Fremdklärung – zum Beispiel unterstützt durch einen Coach – das Innere Team eignet sich gut zur Erkundung innerer Vorgänge. Vor allem in schwierigen Gesprächen und bei Entscheidungen kann es nützlich sein, widerstreitenden „inneren Stimmen" auf den Grund zu gehen. **Vorweg ein Tipp:** Belastende Themen lieber ExpertInnen überlassen!

8.1 „Innere Stimmen" als Persönlichkeits-Anteile

Zwei Seelen wohnen, ach! in meiner Brust *(J.W. Goethe, Faust I)*

Kennen Sie das? – Während Sie sich intensiv mit einem Thema beschäftigen oder eine Entscheidung treffen müssen, melden sich unterschiedliche – oft widersprüchliche – innere Stimmen zu Wort. Eine zaudernde Stimme warnt Sie vielleicht vor den Folgen Ihres ins Auge gefassten Entschlusses, während eine mutige Stimme sagt „Trau dich doch!".

Manchmal teilen sich unsere inneren Stimmen auch direkt über unsere Sprache mit:

„Da hat mich der/die Kritiker/in in mir mal wieder richtig fertiggemacht."
„Da lebte das Kind in ihm/ihr auf."
„Da war ich ganz Mutter!"
„Heute war ich ein/e richtiger/e Draufgänger/in."

Diese inneren Stimmen sind keine „multiplen Persönlichkeiten" sondern ganz normal und repräsentieren Anteile unserer Persönlichkeit. Sie treten als Inneres Team – je nach Situation – in unterschiedlicher Formation in Erscheinung und rüsten uns für „äußere" Handlungen oder Reaktionen. Oft ist uns das nicht einmal bewusst.

Während wir also innere Dialoge führen oder mit einem äußeren Gegenüber kommunizieren, ist in unserem Kopf ein Team am Werk, das manchmal auch heftige

Modul // Kommunikation

8 Klärungs-Modell/Inneres Team (nach Schulz von Thun)

Diskussionen führt und uns bei der Meinungsbildung unterstützt, auch wenn uns das mitunter zunächst verwirrt.

Wenn wir überlegte Entscheidungen treffen wollen, hören wir besser gut auf unsere inneren Stimmen. Gelingt das nicht, finden innere Kämpfe statt und wir verschwenden unnötig Energie.

Was sich im Inneren Team abspielt ist zunächst oft ein:
- Gegeneinander (Rivalität, Feindseligkeit)
- Durcheinander (Mangel an Struktur)
- Nebeneinander (Kontakt- und Koordinations-Mangel)

Innere Team-Mitglieder melden sich z. B. als:
- innere Stimme
- ungutes Gefühl
- sich aufdrängender Gedanke
- Impuls
- Verstimmung
- körperliches Signal
- Krankheit
- Befehl an die Gesamt-Person
- usw.

8.1.1 Inneres Team erkunden

Inneres Team aufstellen – Vorgangsweise Schritt für Schritt

1) Schreiben Sie Ihr Thema (z. B: „Ich und mein Zeitmanagement") oben auf ein möglichst großes Blatt Papier.
2) Zeichnen Sie darunter blattfüllend Kopf und Körper (ein kegelförmiger Umriss reicht völlig aus).

Modul // Kommunikation

8 Klärungs-Modell/Inneres Team (nach Schulz von Thun)

3) Zeichnen Sie der Reihe nach alle inneren Stimmen, die sich zum Thema bei Ihnen melden in die „Körperfläche", geben Sie jeder Stimme einen passenden Namen (konkret oder frei nach Phantasie) und ordnen Sie ihr eine typische Botschaft zu.
4) Finden Sie außerdem möglichst für jede Stimme ein passendes Symbol.
5) Hören Sie sich an, was jede einzelne Stimme zu sagen hat (▶ siehe dazu die Punkte „Die Rolle des Oberhaupts im Inneren Team" und „Innere Ratsversammlung").
6) Betrachten Sie Ihr Team nun „gruppendynamisch": Gibt es Team-Mitglieder, die einander unterstützen/widersprechen ...?
7) Moderieren Sie die Diskussion als neutrales Oberhaupt (Waches ICH).
8) Ziehen Sie eine Schlussfolgerung, die von allen Team-Mitgliedern mitgetragen werden kann.

Abbildung: F. Schulz v. Thun/Miteinander Reden – 3/Seite 25

Modul // Kommunikation

8 Klärungs-Modell/Inneres Team (nach Schulz von Thun)

Zum Thema „Ich und mein Zeitmanagement" könnten folgende Team-Mitglieder auftreten:

Name: TrödlerIn / Botschaft: „Geht sich locker aus!" / Symbol: Schnecke
Name: OberlehrerIn / Botschaft: „Schon wieder zu spät dran!" / Symbol: „Uhr/5 vor 12"
Name: BeschützerIn / Botschaft: „Nimm dir auch Zeit für dich!" / Symbol: Sonne
Name: Überlastete/r / Botschaft: „Ich bin unter Druck." / Symbol: überlaufender Kochtopf

ÜBUNG: Welche Team-Mitglieder stehen für Ihr Zeitmanagement:

_____

_____

_____

_____

Haben Sie Ihr Team aufgestellt? Dann haben Sie sicher bemerkt, dass sich Team-Mitglieder auf unterschiedliche Weise melden können.

Charakteristische Team-Mitglieder:

- Frühmelder
- Spätmelder (melden sich dann meist mit Nachdruck)
- laute Stimmen
- leise Stimmen
- willkommene Stimmen

Modul // Kommunikation

8 Klärungs-Modell/Inneres Team (nach Schulz von Thun)

- unwillkommene Stimmen (melden sich oft im „Organ-Dialekt" als körperliches Symptom, z. B. Herzrasen)

Wenn Sie Ihr Team in Zukunft öfter erkunden, werden Ihnen vermutlich einige Team-Player bekannt vorkommen, weil diese sich öfter und zu verschiedenen Themen bei Ihnen melden. Meist erlaubt das den Rückschluss auf „Stammspieler", die typisch für Sie sind.

Dazu ein Tipp: Achten Sie ganz bewusst darauf, in welchen Teams und Zusammenhängen Sie diese „Stammspieler" als unterstützend oder kontraproduktiv (nicht zielführend) empfinden und zeigen Sie als „waches ICH" gegebenenfalls Grenzen auf. Z. B. hat der „Pausen-Clown" aus der Schulzeit in einem beruflichen Meeting wohl besser Sende-Pause.

8.1.2 Typische Rollenbilder im Inneren Team

Innere Team-Mitglieder können auftreten als:

- MacherIn
- PerfektionistIn
- SpezialistIn
- TeamplayerIn
- BeobachterIn
- ErfinderIn / ErneuerIn
- UmsetzerIn
- KoordinatorIn
- WegbereiterIn
- usw.

Wenn Sie zu einem bestimmten Thema Ihr eigenes Inneres Team erkunden, liegt die Namensgebung natürlich ganz bei Ihnen! Wichtig zur Orientierung ist, dass der Name für die repräsentierte Rolle steht.

Modul // Kommunikation

8 Klärungs-Modell/Inneres Team (nach Schulz von Thun)

„**Selbsterkenntnis ist der beste und sicherste Weg, unsere Mitmenschen zu verstehen.**" *(William McDougall)*

Vielleicht gibt es in Ihnen innere Persönlichkeiten, die immer wieder auftreten bzw. für Sie typisch sind. Setzen Sie sich gerade mit diesen Stimmen ganz bewusst auseinander. So lernen Sie sich besser kennen und lernen in Folge auch andere besser einzuschätzen.

Innere Personen identifizieren

- Welche inneren Personen sind typisch für Sie?
- Wie sehen diese Personen aus, was repräsentieren sie?
- Wofür stehen diese inneren Personen?
- Welche Botschaften äußern sie?
- Was schätzen Sie an diesen inneren Personen?
- usw.

Tipp: Nehmen Sie sich 10 Minuten Zeit und schreiben Sie möglichst ohne „Selbst-Zensur" auf, wer in Ihrem Inneren gerade das Sagen hat. Fragen Sie sich dann, was genau Ihnen die einzelnen Stimmen mitgeben wollen.

8.2 Die Rolle des Oberhaupts im Inneren Team

Das Oberhaupt Ihres Inneren Teams sind Sie!
Wie im äußeren Team, erfordert die Führungs-Aufgabe auch im Inneren Team Toleranz und Empathie (Einfühlungsvermögen) gegenüber den Team-Mitgliedern. Wichtig ist, sich nicht mit einzelnen Team-Mitgliedern zu identifizieren, denn das führt zu einem „starren Selbstkonzept".

Modul // Kommunikation

8 Klärungs-Modell/Inneres Team (nach Schulz von Thun)

Stellen Sie deshalb sicher, dass Sie als Oberhaupt (als lenkendes ICH):

- über dem Ganzen stehen
- sich NICHT mit einzelnen Stimmen identifizieren
- sich NICHT an der inneren Gruppen-Dynamik beteiligen

Mögliche Rollen-Bilder fürs Oberhaupt

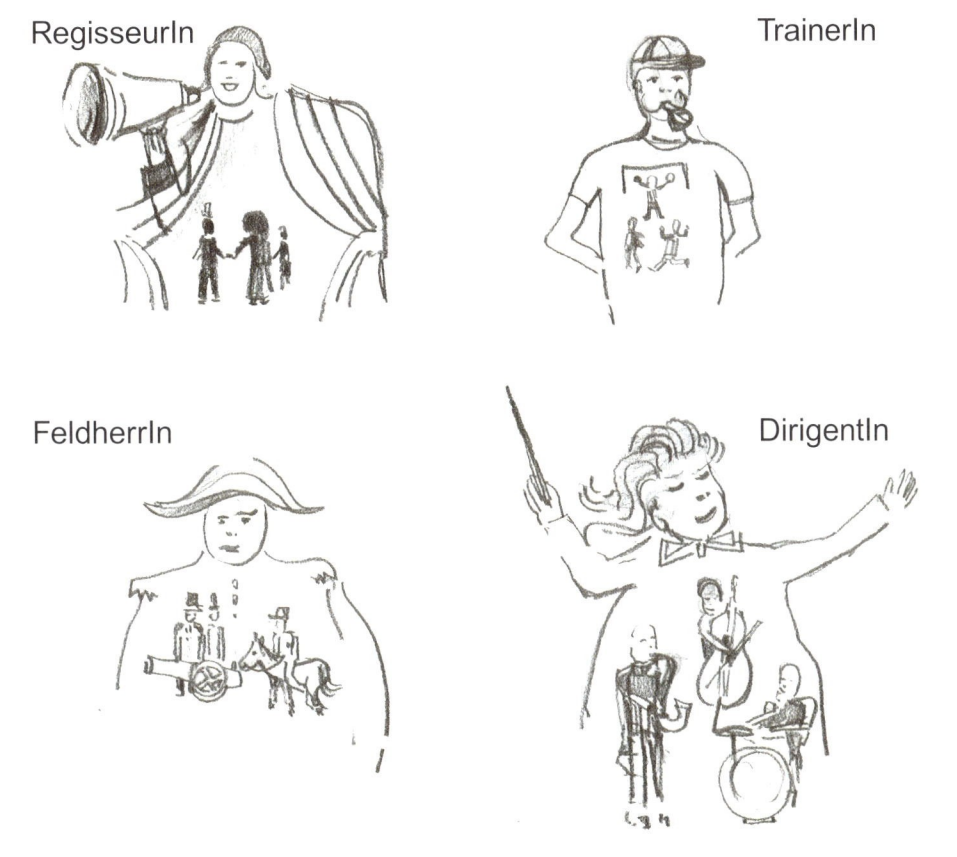

RegisseurIn

TrainerIn

FeldherrIn

DirigentIn

Abbildung: F. Schulz v. Thun/Miteinander Reden - 3/Seite 111

Modul // Kommunikation

8 Klärungs-Modell/Inneres Team (nach Schulz von Thun)

Aufgaben des Oberhaupts:
- zuhören
- aufnehmen
- moderieren
- zurechtweisen
- einfordern
- ordnen
- strukturieren
- reflektieren
- würdigen
- ermutigen
- etc.

Hauptaufgabe des Oberhaupts ist die Innere Team-Entwicklung

In Bezug auf die Mitglieder des Inneren Teams bedeutet das:
- Ziele vorgeben
- anordnen
- motivieren
- Entscheidungen treffen
- Entscheidungen verantworten (nach innen und außen)

Dilemma dabei ist, dem *Innen* und *Außen* gleichermaßen gerecht zu werden.

8.3 Innere „Ratsversammlung"

Vorweg: Jede Stimme wird gehört! Aber nicht jeder Stimme kommt für die jeweilige Situation die gleiche Bedeutung zu. Das Strukturieren ist Aufgabe des Oberhaupts (des wachen ICHs).

Innere Ratsversammlung – Schritt für Schritt
- Thema definieren und möglichst eindeutig formulieren

Modul // Kommunikation

8 Klärungs-Modell/Inneres Team (nach Schulz von Thun)

- Team zum gewählten Thema aufstellen
- Team-Mitglieder der Reihe nach identifizieren (Botschaft/Name/ggf. Symbol)
- alle Team-Mitglieder der Reihe nach anhören (nicht unterbrechen oder werten)
- innere Diskussion anregen
- als Oberhaupt moderieren, strukturieren, Zwischen-Ergebnisse zusammenfassen
- integrierte Stellungnahme (zusammenfassende Schlussfolgerung) formulieren

8.4 Innere Team-Entwicklung

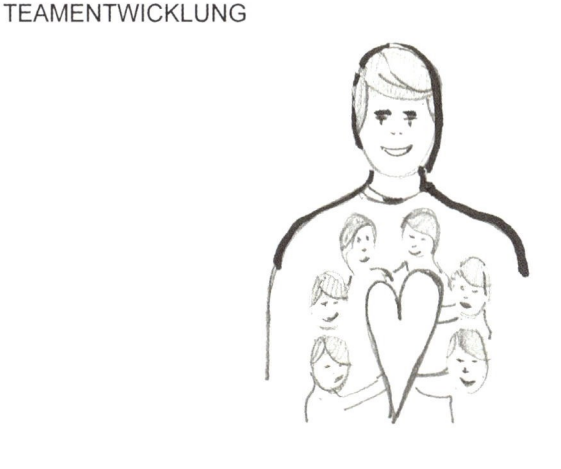

TEAMENTWICKLUNG

Profi-Vordermannschaft   Innere Harmonie

Abbildung: F. Schulz v. Thun/Miteinander Reden – 3/Seite 230

Modul // Kommunikation

8 Klärungs-Modell/Inneres Team (nach Schulz von Thun)

Gelungen ist die Innere Team-Entwicklung, wenn zur Bewältigung der jeweiligen Situation im Vordergrund eine Profi-Mannschaft zur Verfügung steht.

Wichtig in Bezug auf das Thema/die Situation:
- **Harmonie nach innen** ▶ alle Team-Mitglieder ziehen an einem Strang
- **Effizienz (Wirtschaftlichkeit) nach außen** ▶ das Oberhaupt (waches ICH) kann mit Hilfe der „Inneren Profi-Mann- bzw. Frauenschaft" angemessen reagieren

8.5 Das Wichtigste zusammengefasst

- Das **Innere Team** (nach Schulz von Thun) eignet sich **zur Selbst- und Fremd-Klärung.** Es **repräsentiert** unsere **Persönlichkeits-Anteile,** unsere „inneren Stimmen", die sich je nach Situation zu Wort melden.

- **Auseinandersetzung** mit inneren Team-Mitgliedern **fördert** die **Selbst-Erkenntnis** und hilft uns, mehr **Verständnis für andere** Menschen zu entwickeln.

- **Ziel** ist die innere **Teamentwicklung** durch das Oberhaupt (unser bewusstes ICH).

Modul // Kommunikation

9 Missverständnisse/Konflikte vermeiden

9.1 Kommunikations-Tipps für alle Fälle

Schon in der Einleitung haben wir festgestellt, aus welchen Gründen Missverständnisse – beruflich und privat – alltäglich sind und, dass Kommunikations-Kompetenz hilft, diese zu vermeiden oder zumindest aufzuklären.

In der Folge haben wir uns mit bekannten Kommunikations-Modellen (Eisberg-Modell, Quadrat der Nachricht ...) auseinandergesetzt und wertvolle Ansätze entdeckt, die uns „richtiges Kommunizieren" erleichtern können.

Jetzt wollen wir dieses Repertoire (Rüstzeug) erweitern, indem wir uns mit Mechanismen beschäftigen, die unser Kommunikations-Verhalten beeinflussen und daraus Tipps ableiten.

Rufen wir uns zuvor noch in Erinnerung, welche Ursachen Missverständnisse haben können:

- Wir assoziieren (Quer-Verbindungen schaffen) das Gehörte.
- Wir verstehen Botschaften (verbal, nonverbal) nicht immer im Sinne des Senders.
- Wir stellen Vermutungen an, was unser Gegenüber gemeint haben könnte und reagieren entsprechend.
- Wir hören selektiv und wählen aus, was für uns passt.
- Wir überhören das, was wir nicht hören wollen.
- Wir reden vage oder mehrdeutig.

9.1.1 Körpersprache beachten

Achten Sie bewusst auf die Signale der Körpersprache – der eigenen und der des Gegenübers! Denn Körpersprache wirkt unmittelbarer und stärker als verbale Sprache.

Modul // Kommunikation

9 Missverständnisse/Konflikte vermeiden

Nehmen Sie wahr, ob verbale und nonverbale Signale übereinstimmen (Kongruenz) und haken Sie freundlich nach, wenn Sie widersprüchliche Signale (Inkongruenz) feststellen.

ÜBUNG: Körpersprache-Signale entschlüsseln

Analysieren Sie folgende Situation: Ihr/e Kollege/in teilt Ihnen mit, dass Ihr soeben erstellter Bericht sehr einfach und übersichtlich geworden ist, rollt aber dabei die Augen und seufzt.

Was kann die Körpersprache der KollegIn bedeuten?

___

Wie reagieren Sie „kommunikations-kompetent"?

___

Wodurch würden Sie vermutlich „Öl ins Feuer gießen" (die Situation verschlimmern)?

___

9.1.2 Kongruent kommunizieren

Kongruenz hilft Missverständnisse vermeiden und schafft Glaubwürdigkeit! Achten Sie deshalb darauf, dass Sie kongruent kommunizieren, so dass verbale und nonverbale Botschaften stimmig sind.

Modul // Kommunikation

9 Missverständnisse/Konflikte vermeiden

INKONGRUENZ

Alles ist in Ordnung!

Mein Leben ist im Eimer!

Abbildung: Inkongruente Nachricht: Inhalt der Aussage und Mimik stimmen nicht überein. Quelle: F. Schulz von Thun

9.1.3 Anschauliche Bilder und Beispiele bringen

Bilder – und in geringerem Maß auch bildhafte Sprache – appellieren direkt an unsere Emotionen (an den größeren, auf den ersten Blick verborgenen Anteil des Eisberg-Modells). Nutzen Sie dieses Wissen und machen Sie Ihre Worte „erlebbar", indem Sie anschauliche Beispiele oder Vergleiche bringen.

9.1.4 Eindeutig kommunizieren

Kommunizieren Sie auf verbaler und nonverbaler Ebene möglichst eindeutig und klar. Vermeiden Sie implizite (versteckte) Botschaften und senden Sie kongruente Signale (Körpersprache und verbale Botschaft stimmen überein) aus. Achten Sie auf die Körpersprache Ihrer ZuhörerInnen, überprüfen Sie, ob bzw. wie Sie verstanden wurden und reagieren Sie entsprechend (das Gesagte wiederholen, zusätzliche Informationen liefern, etwas richtigstellen ...)

Modul // Kommunikation

9 Missverständnisse/Konflikte vermeiden

9.1.5 Wichtiges betonen

Unterstreichen Sie Wichtiges verbal und nonverbal – z. B. durch:
- anschauliche Beispiele
- lautere oder auch leisere Stimme
- richtige Betonung
- unterstützende Mimik und Gestik
- einen entsprechenden Hinweis
- usw.

9.1.6 Das Wichtigste wiederholen

Wer etwas nachhaltig vermitteln will, so dass es im Gedächtnis haften bleibt, muss die Kernbotschaften wiederholen. Diese Erkenntnis nutzt die Werbung seit jeher konsequent.
Orientieren auch Sie sich an der Dramaturgie eines Werbe-Spots oder einer Kampagne: Formulieren Sie Ihre Kernbotschaften möglichst knapp und plakativ und wiederholen Sie auf jeden Fall zum Schluss.

9.2 Kommunikations-Tipps für schwierige Gespräche

Die auf den folgenden Seiten vorgestellten Kommunikations-Tipps eignen sich besonders gut zur Klärung von Missverständnissen und Konflikten. Für Berufsgruppen, wo soziale Kompetenz besonders wichtig ist (Coaches, MediatorInnen, PädagogInnen, SozialarbeiterInnen ...), zählen sie zum Rüstzeug.

Vielleicht haben auch Sie – als mittlerweile „Fortgeschrittene" auf dem Gebiet der Kommunikations-Kompetenz – Lust, die eine oder andere Technik auszuprobieren.

Modul // Kommunikation

9 Missverständnisse/Konflikte vermeiden

9.2.1 Aktives Zuhören

Angenehme Gesprächs-PartnerInnen zeichnet vor allem eines aus: Sie können gut zuhören – eine Eigenschaft, die wir beim jeweiligen Gegenüber oft vermissen.

Doch wie sieht es bei uns selber aus?
Wie wirken wir auf Andere im Gespräch? Können wir aufmerksam zuhören oder hören wir am liebsten uns selber zu, indem wir Monologe halten?

„Am besten überzeugt man mit den Ohren" *(Dean Rusk)*

Ob es sich um ein Zweier-Gespräch, eine Diskussion, eine Präsentation oder Rede handelt, „Aktives Zuhören" ist hilfreich in fast allen Kommunikations-Situationen. In Missverständnissen und Konflikten ist „Aktives Zuhören" oft ein Zaubermittel, das entschärft.

Aktives Zuhören bedeutet:
- ungeteilte Aufmerksamkeit schenken, zuwenden (auch bezüglich der Körper-Haltung)
- Interesse (am Gegenüber, am Thema) bekunden
- Signalisieren, dass man das Gesagte versteht, was *nicht* automatisch „einverstanden sein" bedeutet
- positive verbale Signale senden (Ja, mh ...)
- positive nonverbale Signale senden (Nicken, zuwenden ...)
- genug Raum und Zeit geben
- ICH-Botschaften fördern (z. B. „Wie geht es dir jetzt damit?" ...)

Aktives Zuhören schließt ein:
- *Was* jemand sagt (Inhalts-Ebene)
- *Wie* jemand etwas sagt (Beziehungs-Ebene)

Modul // Kommunikation

9 Missverständnisse/Konflikte vermeiden

Ziel ist, dass sich der/die Gesprächspartner/in:
- angenommen fühlt
- verstanden fühlt
- spürt, dass ihr/ihm Aufmerksamkeit gewidmet wird

Aktives Zuhören/ Verhaltens-Tipps:
- Erweisen Sie Ihrem Gegenüber den nötigen Respekt und hören Sie aktiv zu. Konzentrieren Sie sich voll und ganz auf das, was Ihr/e Gesprächs-Partner/in (verbal und nonverbal) zu sagen hat.
- Fallen Sie Ihrem Gegenüber nicht ins Wort und wechseln Sie nicht mutwillig das Thema.
- Erledigen Sie dabei keine Dinge nebenbei, wie z. B. E-Mails versenden.
- Signalisieren Sie auch körperlich Interesse (zugewandte Haltung, Blickkontakt ...). Rutschen Sie nicht ungeduldig auf dem Sessel hin und her, schauen Sie nicht zum Fenster raus oder auf die Uhr.
- Achten Sie besonders auf die emotionale Ebene (Beweggründe, Wünsche, Befürchtungen ...)

Warum sich Aktives Zuhören lohnt:
- Sie zeigen Ihrem Gegenüber, dass sie interessiert sind, was er/sie zu sagen hat.
- Sie lernen etwas Neues – einen neuen Blickwinkel, eine neue Formulierung.
- Sie erweitern Ihren Horizont in Bezug auf zwischenmenschliche Probleme.
- Sie vermeiden Missverständnisse.
- Man schätzt Sie als guten/gute Gesprächspartner/in.

9.2.2 Interpunktion beachten

Was verursacht was? In Konflikten kann es über Ursache und Wirkung Differenzen geben. Das hat schon Watzlawick in einem seiner 5 Axiome festgestellt.

Modul // Kommunikation

9 Missverständnisse/Konflikte vermeiden

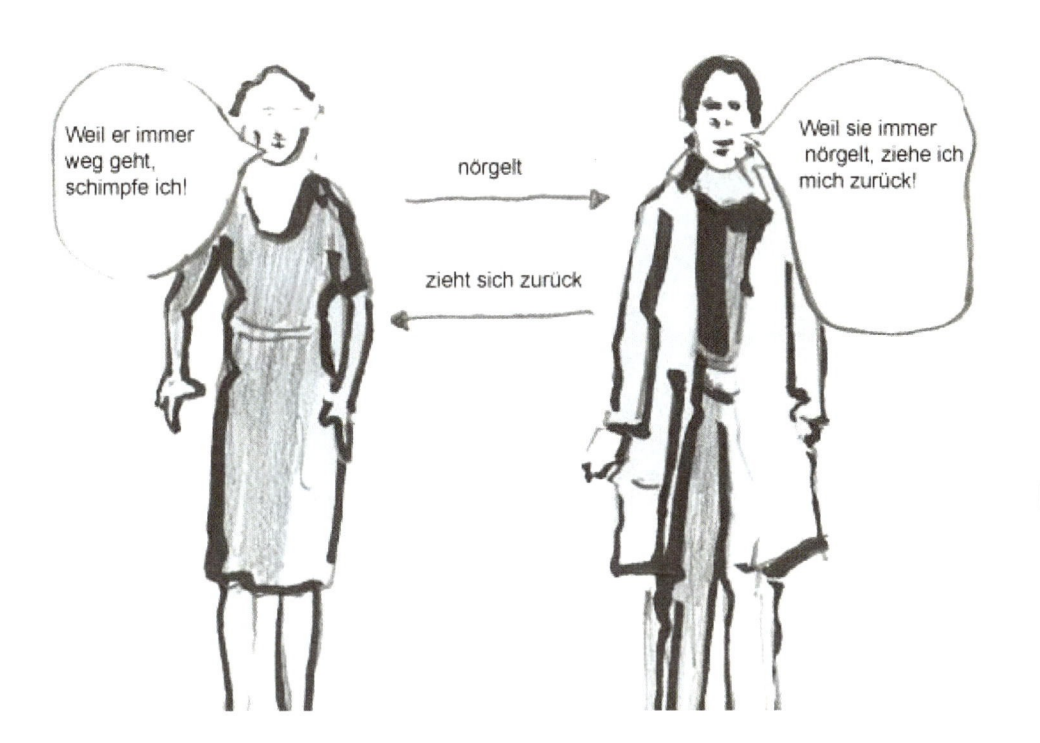

Abbildung: Unterschiedliche Interpunktionen der Interaktion.
       Quelle: F. Schulz v. Thun

Dieses Dilemma ist nur lösbar, wenn die Konflikt-Parteien sich auf einen neuen, gemeinsamen Ausgangspunkt einigen und damit gemeinsam eine neue Interpunktion setzen, die den Kreislauf durchbricht.

Der Vorteil: Die Konflikt-Parteien beschäftigen sich nicht länger mit der belastenden Vorgeschichte, sondern richten den Blick in Richtung Zukunft bzw. Lösung.

Modul // Kommunikation

9 Missverständnisse/Konflikte vermeiden

9.2.3 Teufelskreise erkennen

Sie kennen das sicher aus eigener Erfahrung: Ihr Gegenüber sagt oder tut etwas. Das Gesagte oder die gesetzte Handlung löst (aus welchem Grund auch immer) negative Gefühle bei Ihnen aus. Diese negativen Gefühle beeinflussen wiederum Ihre Reaktion. Die Kommunikation bewegt sich im Teufelskreis. Konflikte sind damit vorprogrammiert.

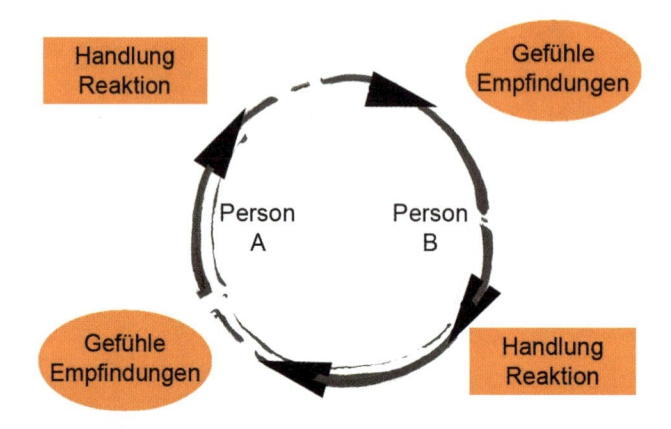

Abbildung: Thomas Christoph, Klärungshilfe: Konflikte im Beruf, 1998

Modul // Kommunikation

9 Missverständnisse/Konflikte vermeiden

Teufelskreis der „Demotivation"

Führungskraft schätzt die Fähigkeiten eines Mitarbeiters geringer ein, als sie sind (Vorurteile, einseitige Information, traut ihm wenig zu, persönliche Antipathie etc.)

Mitarbeiter beginnt sich zunehmend so zu verhalten, dass die Einschätzung der Führungskraft bestätigt wird (macht Fehler, zögert, fragt ständig nach...etc.)

Self-Fulfilling Prophecy Geringschätzung Kreislauf

Führungskraft verhält sich entsprechend (verbale und nonverbale Signale, nimmt nur wahr, was ihrer Einschätzung entspricht, destruktives Feedback)

demotivierte Grundstimmung beim Mitarbeiter (traut sich selber wenig zu, resigniert, konzentriert sich selber auf seine Defizite statt auf Stärken)

Was passiert?

Geringschätzung schwächt das Selbstvertrauen ▶ geschwächtes Selbstvertrauen führt zu Demotivation ▶ Demotivation begünstigt Fehler ▶ häufige Fehler bewirken Geringschätzung

Modul // Kommunikation

9 Missverständnisse/Konflikte vermeiden

Tipp: Steigen Sie aus und verwandeln Sie Teufelskreise in „Engelskreise"

Führungskraft schätzt die Fähigkeit eines Mitarbeiters hoch ein (Wertschätzung der Einzigartigkeit, Konzentration auf dessen Stärken und positive Beiträge, traut ihm viel zu)

Mitarbeiter beginnt sich zunehmend so zu verhalten, dass die Einschätzung der Führungskraft bestätigt wird (kreative Lösungen, selbstständig, eigeninitiativ...etc)

Self-Fulfilling Prophecy Wertschätzung Kreislauf

Führungskraft verhält sich entsprechend (verbale und nonverbale Signale, gibt Anerkennung, konstruktives Feedback)

motivierte Grundstimmung beim Mitarbeiter, (traut sich selber immer mehr zu, wird selbstbewusster, konzentriert sich auf seine Stärken...etc.)

So läufts rund:

Wertschätzung stärkt das Selbstvertrauen ▶ mehr Selbstvertrauen führt zu mehr Motivation ▶ Motiviert sein, steigert die Leistung ▶ gesteigerte Leistung bewirkt mehr Wertschätzung.

9.2.4 Interpretationen hinterfragen

Wir interpretieren, was wir wahrnehmen. Das ist ein psychologisches Gesetz.

Modul // Kommunikation

9 Missverständnisse/Konflikte vermeiden

Der Vorteil: Wenn wir uns an Bekanntem orientieren (persönliche Erfahrungen, kultureller Background ...) müssen wir nicht ständig alles neu einordnen und bewerten. Der Nachteil: Die Fehler-Quote, die Missverständnisse begünstigt.

3 Stufen der Wahrnehmung als mögliche Kommunikations-Stolpersteine

Was wir *wie* interpretieren, beeinflusst unser Gefühl und in Folge die Reaktion. Im folgenden Beispiel wird Stirnrunzeln als Kritik interpretiert und löst Ärger aus. Was aber könnte ein Stirnrunzeln noch bedeuten? Und welche Reaktion wäre dann wohl die Folge?

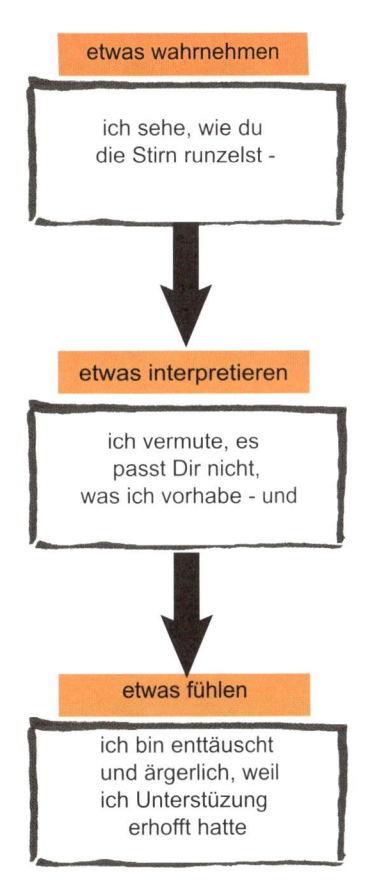

etwas wahrnehmen
ich sehe, wie du die Stirn runzelst -

↓

etwas interpretieren
ich vermute, es passt Dir nicht, was ich vorhabe - und

↓

etwas fühlen
ich bin enttäuscht und ärgerlich, weil ich Unterstüzung erhofft hatte

Abbildung: 3 Empfangs Vorgänge: Wahrnehmen – Interpretieren – etwas Fühlen. Quelle: F. Schulz v. Thun

ÜBUNG:
Interpretationen und Reaktionen finden

Stellen Sie sich ein Zweier-Gespräch im beruflichen Umfeld vor und nehmen Sie an, Ihr/e Gesprächs-Partner/in:

- bricht in Tränen aus
- schaut auf die Uhr
- verlässt den Raum

Finden Sie für jede der drei Wahrnehmungen mindestens zwei unterschiedliche Interpretationen und formulieren Sie jeweils mögliche Reaktionen.

Modul // Kommunikation

9 Missverständnisse/Konflikte vermeiden

9.2.5 ICH-Botschaften formulieren

Hinter jedem Vorwurf steckt ein Bedürfnis

Dazu ein Beispiel:

Vorwurf machen ▶ DU-Botschaft:
„Nie rufst DU mich an, immer muss ich mich bei dir melden!"

Mögliches dahinter liegendes Bedürfnis:
Wertschätzung

Bedürfnis ausdrücken ▶ ICH-Botschaft:
„ICH möchte spüren, dass ich dir wichtig bin und wünsche mir, dass du mal zuerst anrufst."

Kommunikations-Regeln für ICH-Botschaften:
- möglichst neutral formulieren
- Schuld-Zuweisungen meiden
- anderen keine Verhaltens-Maßnahmen auferlegen
- klar formulieren, worum es mir geht
- Verantwortung für eigenen Anteil übernehmen

ICH-Botschaften im Eisberg-Modell

Ein Vorwurf in Form einer DU-Botschaft kommt nicht gut an, denn:
- die Verantwortung für das Geschehen wird ans Gegenüber delegiert
- eigene Bedürfnisse (Wünsche) kommen nicht oder nur indirekt zum Ausdruck
- was ankommt, hängt von der Interpretation des Empfängers ab

Modul // Kommunikation

9 Missverständnisse/Konflikte vermeiden

DU - Botschaft als
Eisberg-Spitze

unklarer Selbstoffenbarungs-
untergrund

Abbildung: DU – Botschaft/ Was bleibt unklar?/Quelle F. Schulz v. Thun

Merke: Nicht jeder Satz, der das Wort „ich" enthält, ist automatisch eine ICH-Botschaft. Über ICH-Botschaften drücken wir jene Bedürfnisse und Wünsche aus, die sich hinter Vorwürfen ans Gegenüber (DU-Botschaften) verbergen.

Modul // Kommunikation

9 Missverständnisse/Konflikte vermeiden

9.2.6 Meta-Kommunikation betreiben

Meta-Kommunikation als „Hohe Schule" der Kommunikation
Meta-Kommunikation ist „Kommunikation über das *Wie* der Kommunikation". Sie hilft vor allem bei Missverständnissen und Konflikten.

Abbildung: Metakommunikation ist Kommunikation über das WIE.
Quelle F. Schulz v. Thun

Modul // Kommunikation

9 Missverständnisse/Konflikte vermeiden

Bei der Meta-Kommunikation (auch Kommunikation vom „Feldherrn-Hügel") schaut man sich quasi selbst über die Schulter. Das setzt voraus, dass man sich kurz aus dem Geschehen herausnehmen und dieses aus der Distanz betrachten kann.

Mit ein wenig Übung gelingt das in Sekundenschnelle, ohne dass wir das Gespräch unterbrechen müssen.

Worauf wir unser Augenmerk in der Meta-Position richten sollen, legen die bisher vorgestellten Inhalte und Modelle nahe. Folgende Fragen können hilfreich sein:

- Wer sendet wann welche körpersprachlichen Signale?
- Wer sagt verbal was?
- Welche Botschaften und Signale werden „richtig" verstanden, welche „falsch"?
- Was wurde möglicherweise falsch interpretiert?
- usw.

Finden Sie Ihr Meta-Bild

Meta-Bilder helfen, damit wir bei Bedarf möglichst schnell auf Meta-Ebene wechseln können. Stellen Sie sich z. B. vor, Sie betrachten das Kommunikations-Geschehen:

- auf der Bühne vom Zuschauerraum aus
- vom Flugzeug aus
- aus der Vogel-Perspektive
- usw.

Modul // Kommunikation

9 Missverständnisse/Konflikte vermeiden

9.3 Das Wichtigste zusammengefasst

Kommunikations-Kompetenz beweist, wer auf die Körpersprache achtet, das Gesagte mit Bildern und Beispielen untermauert, klar, explizit und kongruent kommuniziert, Wichtiges betont, das Wichtigste wiederholt, aktiv zuhört, gegebenenfalls Interpunktionen setzt, Teufelskreise zu Engelskreisen macht, Interpretationen hinterfragt, ICH-Botschaften anstatt Vorwürfe sendet und das Kommunikations-Geschehen auf Meta-Ebene aus der nötigen Distanz betrachten kann.

Modul // Kommunikation

10 Feedback zum „Selbstbild/Fremdbild-Abgleich"

„Ich weiß nicht, was ich gesagt habe, bevor ich nicht die Antwort meines Gegenübers gehört habe." *(Paul Watzlawick)*

Feedback ist eine Gesprächs-Technik. Sie dient dazu – verbal (in Worten) und nonverbal (mittels Körpersprache) – Rückmeldung zu geben oder zu erhalten.

Feedback unterstützt beim Selbstbild/Fremdbild-Abgleich und verbessert damit die Selbsteinschätzung. Ziel von Feedback ist, dass die Beteiligten sich ihrer Verhaltensweisen bewusst werden, einschätzen lernen, wie ihr Verhalten auf andere wirkt und sehen, was es bei anderen auslöst.

Feedback ist oft heikel, da niemand leichten Herzens akzeptiert, in seinem Selbstbild korrigiert zu werden. Daher ist es sowohl beim Feedback-Geben als auch beim Feedback-Nehmen wichtig, die Regeln einzuhalten.

10.1 Feedback-Regeln

Um uns zu vervollkommnen, brauchen wir entweder aufrichtige Freunde oder hartnäckige Feinde. Sie öffnen uns die Augen für unsere guten und schlechten Handlungen – die einen durch Erfahrungen, die anderen durch ihren Tadel.
(Diogenes)

Feedback als „konstruktives Kritik-Verhalten" fördert die Kommunikation

Feedback soll sachlich und so ausführlich und konkret wie möglich sein. Subjektive Formulierungen in Form von ICH-Botschaften erleichtern es dem Gegenüber, Feedback anzunehmen. Wichtig ist, Positives einzuschließen. Die „Sandwich-Theorie" empfiehlt, negative Kritik zwischen zwei Schichten von positiven Elementen einzubetten.

Modul // Kommunikation

10 Feedback zum „Selbstbild/Fremdbild-Abgleich"

Feedback ist immer „ein Angebot"

Niemand ist auf der Welt, um es anderen recht zu machen!
Feedback soll die Möglichkeiten bieten, aus Fehlern zu lernen und nur gegeben werden, wo es hilfreich ist. Die größte Kunst dabei ist, einem Menschen zu sagen, wie ich ihn sehe, ohne ihn dabei zu verletzen. Um dies zu gewährleisten, müssen einige Grundsätze beachtet werden.

Konstruktives Feedback ist:

- **zielorientiert,** statt vage
- **beschreibend,** statt wertend
- **konkret,** statt pauschal
- **verhaltensbezogen,** statt eigenschaftsbezogen
- **wertschätzend,** statt herablassend
- **unmittelbar,** statt verspätet
- **realistisch,** statt utopisch
- **erwünscht,** statt aufgedrängt

10.1.1 Feedback geben

Tipps fürs Geben:

- möglichst unmittelbar geben
- auf konkretes Verhalten beziehen
- nur aus eigener Perspektive (nie für andere) sprechen (▶ ICH-Botschaften senden)
- Wahrnehmungen als Wahrnehmungen, Beobachtungen als Beobachtungen, Eindrücke als Eindrücke etc. wiedergeben
- Positives einschließen
- Gegenüber nicht analysieren

Modul // Kommunikation

10 Feedback zum „Selbstbild/Fremdbild-Abgleich"

Vier Schritte für hilfreiches Feedback

1) **Subjektive Wahrnehmung** wiedergeben
   ICH sehe/höre/empfinde … ▶ ICH beschreibe, was ich wahrnehme

2) **Subjektive Interpretation** abgeben
   ICH denke/vermute/stelle mir vor … ▶ ICH benenne meine Vorstellung über mögliche Zusammenhänge

3) **Subjektive Empfindung** wiedergeben oder **Wirkung** beschreiben
   ICH fühle mich dabei … /MIR geht es dann ▶ ICH benenne/zeige meine gefühlsmäßige Reaktion

4) **Verhaltenswunsch** äußern
   ICH wünsche mir/möchte gern/schlage vor … ▶ ICH benenne meine Veränderungs-Ideen

10.1.2 Feedback entgegennehmen

Tipps fürs Annehmen:

- nur, wenn man sich dazu in der Lage fühlt
- zuhören und ausreden lassen
- sich nicht rechtfertigen
- sich bewusst machen, dass andere nur beschreiben, wie ich auf sie „wirke", nicht wie ich „bin"
- ggf. Verständnis-Fragen stellen und zum Vergleich Feedback von mehreren Personen einholen
- danken

Modul // Kommunikation

10 Feedback zum „Selbstbild/Fremdbild-Abgleich"

10.1.3 Mit Kritik umgehen

Gut mit Kritik umgehen können ist wichtig – beruflich und privat. Wie beim Feedback gilt auch für spontan vom Gegenüber geäußerte Kritik: Aufmerksam zuhören und gegebenenfalls Verständnis-Fragen stellen. Wenn Sie sich überrumpelt fühlen, bedingen Sie sich Zeit aus, darüber nachzudenken und antworten Sie erst dann.

Natürlich ist es leichter, Kritik auszuteilen, als einzustecken. Wer sich weiterentwickeln will, muss jedoch lernen, Kritik anzunehmen.

Selbstkritische Fragen können Sie dabei unterstützen:

- Vertrage ich es, wenn mich andere kritisieren/mir meine Schwächen aufzeigen?
- Kann ich darüber lachen oder bin ich sofort beleidigt/verunsichert/gereizt/schlecht gelaunt …?
- Wie verhalte ich mich, wenn mir ein Fehler unterlaufen ist?
- Verstehe ich Kritik grundsätzlich als Abwertung meiner Person oder Leistung?
- Fühle ich mich verunsichert/nicht akzeptiert?
- Was möchte ich gern an meinem Verhalten ändern, was ist hier schon gelungen?
- usw.

Modul // Kommunikation

10 Feedback zum „Selbstbild/Fremdbild-Abgleich"

10.2 Das Wichtigste zusammengefasst

- Feedback ist eine Gesprächstechnik, die dazu dient, konstruktiv Rückmeldung (verbal und nonverbal) zu geben oder zu erhalten.

- Feedback unterstützt beim Selbstbild/Fremdbild-Abgleich und verbessert die Selbsteinschätzung.

- Ziel von Feedback ist, Verhaltensweisen bewusst zu machen und diese bei Bedarf zu korrigieren.

- Damit Feedback nicht verletzend ist, müssen Regeln (ICH-Botschaften senden, Verhaltensweisen kritisieren, nicht die Gesamtperson, Positives einschließen ...) beachtet werden.

Modul // Kommunikation

11 Fragetechniken

Je nach „Einsatz-Gebiet" (Verkauf, Klärung ...) finden wir unterschiedliche Klassifizierungen mit unterschiedlicher Ausrichtung. So verschieden der Fokus auch sein mag, in den Grundzügen stimmen die Frage-Typen mehr oder weniger überein.

11.1 Wer fragt führt

„Fragen kostet nichts" oder „wer nicht fragt, bleibt dumm", sagt der Volksmund. Indem wir Fragen stellen, setzen wir uns mit dem jeweiligen Thema oder Gegenüber auseinander, versuchen Zusammenhänge zu verstehen, uns Wissen anzueignen und vieles mehr.

Über Fragen können wir:
- Gespräche steuern
- Interesse bekunden
- Informationen erhalten oder vermitteln
- Handlungs-Motive aufzeigen
- überzeugen
- verführen
- Probleme/Anliegen erfassen
- Missverständnisse ausräumen
- Konsens (Übereinkunft) herbeiführen
- Lösungen finden
- usw.

Für die Formulierung von Fragen gilt:
- vorab genau überlegen, was mit der Frage erreicht werden soll
- nie mehrere Fragen auf einmal stellen
- kurz, explizit und leicht verständlich formulieren
- auf Wertungen in den Fragen verzichten
- der/dem Befragten genügend Zeit zum Nachdenken lassen
- nicht manipulieren

Modul // Kommunikation

11 Fragetechniken

11.2 Grundsätzliche Frage-Typen: Offen/Geschlossen

Offene (auch öffnende) Fragen sind vorzugsweise „W-Fragen" (Wer/Wann/Wie …). Geschlossene (auch schließende) Fragen werden hauptsächlich mit *ja, nein*, gegebenenfalls auch mit einem Wort (*vielleicht, links, rechts …*) beantwortet.

Offene Fragen bringen mehr Information. Sie eignen sich besonders für einen Gesprächs-Einstieg und laden z. B. das Gegenüber ein, eine Sache aus persönlicher Sicht zu schildern.

Geschlossene Fragen hingegen bringen Bestätigung, Klarheit bzw. auf den Punkt.

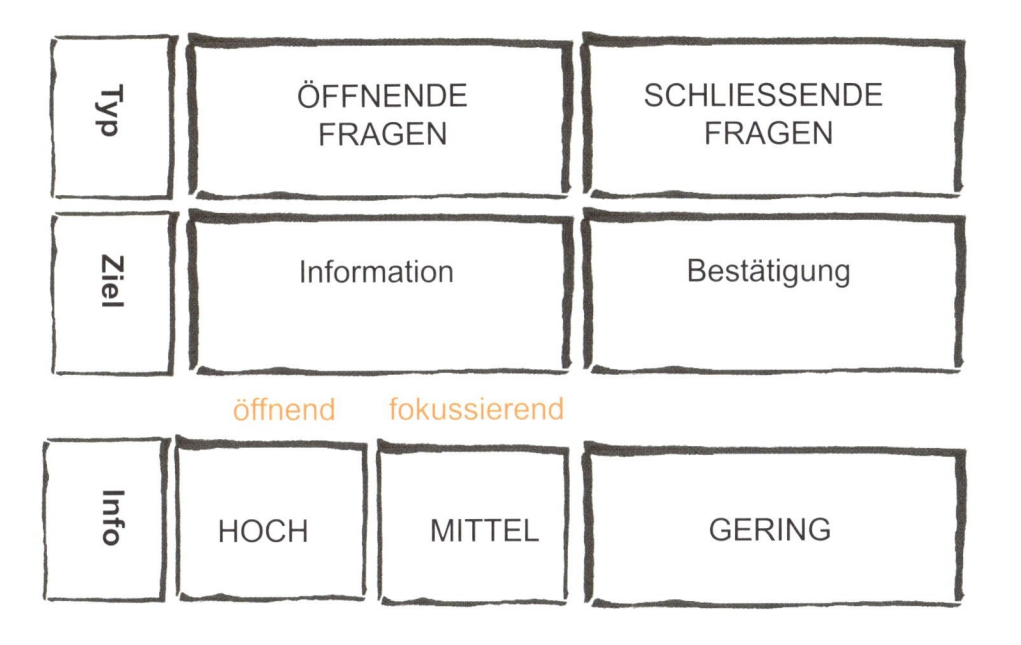

Typ	ÖFFNENDE FRAGEN		SCHLIESSENDE FRAGEN
Ziel	Information		Bestätigung
	öffnend	fokussierend	
Info	HOCH	MITTEL	GERING

Modul // Kommunikation

11 Fragetechniken

Beispiele:

Hoch öffnende Frage: „Was haben Sie beruflich bisher gemacht?"

Fokussierend öffnende Frage: „Was waren Ihre Aufgaben in Ihrer Funktion als Marketing-AssistentIn?"

Geschlossene Frage: „Hatten Sie in Ihrer letzten Funktion als Marketing-AssistentIn Eigen-Verantwortung?

ÜBUNG: Finden Sie jeweils 3 weitere Beispiele für offene bzw. geschlossene Fragen.

offen	geschlossen
Welche Ideen haben Sie dazu?	Können Sie das Konzept bis morgen liefern?
Welche Punkte wollen wir auf die Agenda setzen?	Nehmen Sie an dem Meeting teil?
Welche Termin-Vorschläge haben Sie für mich?	Gibt es dazu schon Termin-Vorschläge?

Modul // Kommunikation

11 Fragetechniken

11.3 Frage-Techniken anwenden und unterscheiden

11.3.1 Informations-Fragen

Sie sind vorzugsweise offen formulierte „W-Fragen" (wie/wer/wann/warum …) und eignen sich besonders zur Gesprächs-Eröffnung.

Ziel: Überblick verschaffen, möglichst umfassend Einblick gewinnen

Beispiele:
- Wer ist an dem Konflikt beteiligt?
- Welche Rahmen-Bedingungen brauchen Sie, um dieses Projekt zum Erfolg zu führen?
- Warum wollen Sie die Stelle neu besetzen haben?
- Wo ist der Schaden entstanden?
- Was sind die alternativen Möglichkeiten?

11.3.2 Entscheidungs-Fragen

Sie sind geschlossen formuliert (Antwort-Möglichkeiten: ja/nein) und führen zwei Alternativen vor Augen.

Ziel: Entscheidung herbeiführen, Klarheit schaffen

Beispiele:
- Können Sie das Konzept bis morgen liefern?
- Nehmen Sie an dem Meeting teil?
- Haben Sie den Termin heute abgesagt?

Modul // Kommunikation

11 Fragetechniken

11.3.3 Alternativ-Fragen
Sie zeigen unterschiedliche Alternativen (Möglichkeiten) auf.

Ziel: Entscheidungen herbeiführen

Beispiele:
- Möchten Sie Kräuter- oder Früchte-Tee?
- Sollen wir die Besprechung um 10:00 oder um 14:00 Uhr ansetzen?
- Wollen Sie im Juni oder im Juli Urlaub nehmen?

11.3.4 Suggestiv-Fragen

Sie sind manipulativ und legen eine bestimmte Antwort nahe.
Ziel: Gesprächs-PartnerInnen beeinflussen

Typische Formulierungen:
- doch
- wohl auch
- sicherlich
- bestimmt
- etc.

Beispiele:
- Sie sind doch auch meiner Meinung?
- Sicher haben Sie heute nichts mehr vor, oder?

11.3.5 Rhetorische-Fragen

Sie sind keine Fragen im eigentlichen Sinn. Denn die Antwort liegt entweder auf der Hand oder wird gleich mitgeliefert.
Ziel: Interesse für ein Thema wecken, Zustimmung bewirken

Modul // Kommunikation

11 Fragetechniken

Beispiele:
- Geht es Ihnen auch so, dass Sie sich über Zeitverschwendung in Meetings ärgern?
- Haben Sie sich auch schon mal gewünscht, Konflikte konstruktiv zu lösen?

11.4 Geeignete Frage-Techniken für schwierige Gespräche

Einige Frage-Techniken eignen sich besonders gut zur Klärung von Missverständnissen und Konflikten. Unabhängig davon, ob Sie selbst beteiligt oder VermittlerIn sind.

11.4.1 Klärende Fragen

Sie haken gezielt nach und bringen mehr Licht in einen Gesprächs-Verlauf. Im Hinblick auf Sachinhalte, dahinterliegende Bedürfnisse, Absichten ...
Ziel: Fakten konkretisieren, Verallgemeinerungen aufzeigen

Beispiele:
- Um welchen Zeitrahmen handelt es sich, wenn Sie sagen: „unpünktlich"?
- Wie oft ist: „immer wieder"?
- Was bedeutet es, wenn du sagst: „Ich halte das nicht mehr aus"?

11.4.2 Stimulierende Fragen

Sie eröffnen neue Zugänge.
Ziel: Gespräche oder Prozesse ankurbeln, wenn diese ins Stocken geraten

Beispiele:
- Fällt Ihnen dazu eine weitere Möglichkeit ein?
- Welche weiteren Möglichkeiten fallen Ihnen dazu ein?
- Sind das alle Alternativen, die in Betracht gezogen werden können?
- Hat jemand noch eine Idee, wie man das Thema anders bearbeiten könnte?

Modul // Kommunikation

11 Fragetechniken

11.4.3 Teilnehmende Fragen

Sie beleuchten die emotionale Befindlichkeit.
Ziel: Gesprächs-Beteiligte anregen, weiterführende Gedanken auszusprechen

Beispiele:
- Wie geht es Ihnen mit diesem Vorschlag?
- Geht es Ihnen gut mit diesem Vorschlag?
- Was bewirkt diese Aussage bei Ihnen?
- Wie erleben Sie diese Situation?

11.4.4 Zirkuläre Fragen

Von Coaches und MediatorInnen besonders geschätzt, regen zirkuläre Fragen dazu an, sich in andere Menschen und Situationen hineinzuversetzen. Das eröffnet neue Handlungs-Spielräume und offenbart ggf. neue Lösungs-Möglichkeiten (Optionen). Dabei kommt es nicht so sehr darauf an, dass die Annahmen „richtig" sind. Was zählt, ist die Erweiterung der Perspektive.
Ziel: Gegenseitiges Verständnis fördern, indem sich Gesprächs-PartnerInnen jeweils Gedanken über das Gegenüber machen.

Beispiele:
- Was denken Sie, warum Ihr Gesprächs-Partner Sie nicht versteht?
- Was für eine Information braucht KollegIn X, damit er/sie Ihren Standpunkt nachvollziehen kann?
- Was meinen Sie, wie kommt Ihre KollegIn zu dieser Überzeugung?
- Was würde Ihr Chef/Ihre Chefin in dieser Situation tun?

Tipp: Zirkuläre Fragen eignen sich auch gut für Selbstklärungs-Prozesse. Wann immer eine Situation verfahren scheint, ist es hilfreich, sich in möglichst unterschiedliche Personen zu versetzen und darüber neue Sichtweisen zu gewinnen.

Modul // Kommunikation

11 Fragetechniken

11.4.5 Abschließende Fragen

Abschließende Fragen klären, ob ein Prozess für alle Beteiligten zufriedenstellend bearbeitet wurde.
Ziel: Klären, ob noch etwas offen ist.

Beispiele:
- Herrscht diesbezüglich Übereinstimmung?
- Welche Punkte sind noch strittig?
- Sind alle Belange ausreichend besprochen worden?
- Wollen Sie diesen Punkt noch einmal überdenken und beim nächsten Termin entscheiden?

ÜBUNG: Finden Sie für jeden in diesem Kapitel vorgestellten Frage-Typ ein weiteres Beispiel:

Klärende Frage:

___

Stimulierende Frage:

___

Teilnehmende Frage:

___

Zirkuläre Frage:

___

Abschließende Frage:

___

Modul // Kommunikation

11 Fragetechniken

11.5 Das Wichtigste zusammengefasst

- Aufgabe von Fragen ist es, Gespräche zu steuern, Informationen zu erfragen oder zu vermitteln, Interesse zu bekunden, Probleme zu erfassen, Klärung herbeizuführen und vieles mehr.

- Je nach Einsatz-Gebiet (Verkauf, Klärung ...) gibt es unterschiedliche Klassifizierungen.

- Nicht alle Frage-Typen eignen sich für jede Situation. So sind rhetorische Fragen in Verkaufs-Gesprächen eher kritisch. In Präsentationen hingegen können Sie sinnvoll sein.

- Grundsätzlich unterscheidet man offene und geschlossene Fragen. Offene (meist „W-Fragen") liefern Informationen. Geschlossene Fragen lassen sich mit einem Wort beantworten (ja, nein, vielleicht ...) und bringen Klarheit bzw. Bestätigung.

Modul // Kommunikation

12 Literatur-Verzeichnis

Kommunikations-Wissenschaft
Klaus Beck
UTB basics, UVK Verlagsgesellschaft, Konstanz 2007

Menschliche Kommunikation – Formen, Störungen, Paradoxien
Paul Watzlawick, Janet H. Beavin, Don D. Jackson
Verlag Hans Huber, Bern 1969/1990

GABALS großer Methodenkoffer – Grundlagen der Kommunikation
Walter Simon
GABAL, Offenbach 2004

Miteinander reden (Bände 1 – 3)
Friedemann Schulz von Thun
Rowohlt, Reinbeck bei Hamburg 1998 (Originalausgabe)

Körpersprache
Tiziana Bruno/Gregor Adamczyk
HAUFE

Die kalte Schulter und der warme Händedruck
Allan & Barbara Pease
ULLSTEIN, Berlin 2004

ECo-C Modul Selbstmarketing – Lernziel

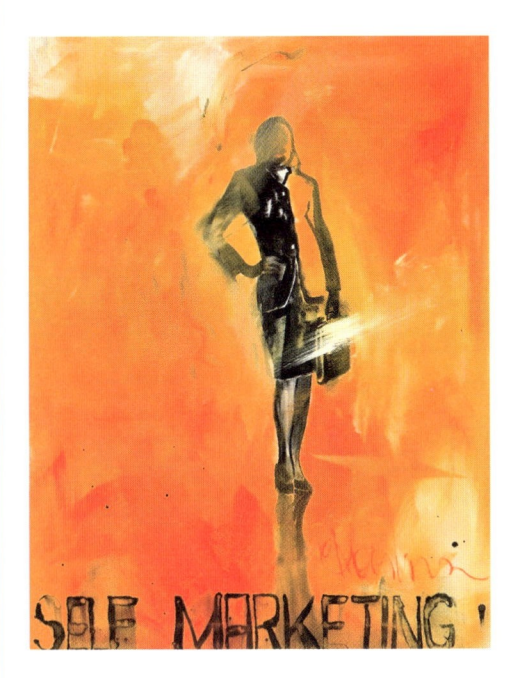

Das Modul Selbstmarketing vermittelt anhand von Fachbegriffen aus Marketing und Werbung die Grundlagen guter Eigen-PR. Sie werden sich Ihrer Stärken und Talente bewusst, bauen ein positives Image auf, treten überzeugend und authentisch auf, können Ziele setzen und konsequent verfolgen. Sie beherrschen die Grundregeln des Selbstmarketings, kennen Ihre Wirkung und signalisieren Kompetenz.

Mit positiver Absolvierung der ECo-C Zertifizierung verbessern Sie nachweislich Ihre persönliche und Ihre soziale Kompetenz.

Modul // Selbstmarketing

1 Einleitung

Hauptaufgabe und Ziel von Marketing ist Differenzierung

Wer etwas Einzigartiges zu bieten hat, auf das die Menschheit quasi schon gewartet hat, braucht vermutlich kein Marketing. In der Praxis kommt das leider nur selten vor. Wenn doch, dann nur so lange, bis findige Mitbewerber das Angebot imitieren. Deshalb geht es im Marketing vor allem um Differenzierung. Ziel ist, sich oder sein Angebot – zumindest im Hinblick auf einige Merkmale – von ähnlichen Angeboten unterscheidbar zu machen.

Warum funktionieren Strategien aus Marketing und Werbung auch im Selbstmarketing?

Werbung muss sich aufs Wesentliche konzentrieren. Denn Werbezeit und -Flächen sind viel zu teuer, um sie mit Ballast zu füllen.

Wer beispielsweise mit einem 30-Sekunden-Werbespot das Publikum zum Kauf eines Produktes oder einer Dienstleistung bewegen oder für eine Idee begeistern will, braucht eine ausgefeilte Strategie. Diese legt jedes relevante Detail vorab präzise fest.

Was liegt also näher, als das strategische Rahmen-Konzept zur Vermarktung einer „Produkt- oder Dienstleistungs-Marke" auf die „Marke ICH" zu übertragen?
In der ersten Hälfte werden wir uns deshalb mit Fachbegriffen aus Marketing und Werbung beschäftigen und untersuchen, was uns diese für Selbstmarketing-Vorhaben zu sagen haben. Wir werden Analogien (Querverweise) herstellen, die dabei unterstützen:
- die richtigen Fragen für effizientes und authentisches Selbstmarketing zu stellen
- Vorhaben oder Projekte strategisch zu planen und dadurch die Chancen auf Erfolg zu erhöhen
- ein Rahmen-Konzept für (Selbst)marketing-Aktivitäten zu erstellen
- über marketingrelevante Fragen die Fähigkeit zur Selbst-Reflektion erhöhen

Modul // Selbstmarketing

1 Einleitung

Gegenüber „Produkt- oder Dienstleistungs-Marken" sind wir sogar im Vorteil. Denn für die „Marke ICH" können wir selbst aktiv werden.[1]

In der zweiten Hälfte widmen wir uns dem Thema „Erfolgreich präsentieren" und geben Ihnen Fachwissen, Techniken und Tipps für einen gekonnten Auftritt in die Hand.

Zur Einstimmung die provokative Frage einer Werbelegende.
Die Antwort wird praktischerweise gleich mitgeliefert.

Sie wollen interessant sein? Seien Sie interessiert.[2]
(Paul Arden)

---

[1] Vgl. Die stärkste Marke sind Sie selbst (John Christoph Berndt, KÖSEL, München, 2009, S. 73 f)
[2] Vgl. Egal was du denkst, denk das Gegenteil (Paul Arden, LÜBBE, Bergisch Gladbach, 2007)

Modul // Selbstmarketing

2 Marketing – Begriffsklärung & Grundlagen

In den ersten drei Kapiteln widmen wir uns Marketing-Begriffen und ihrer Bedeutung für Selbst-Marketing-Vorhaben.

2.1 Marke

Marke bedeutet „Waren-Zeichen"

Eine „Marke" hebt Waren, Dienstleistungen – und im weitesten Sinn auch Ideen oder Personen – von anderen Waren, Dienstleistungen, Ideen oder Personen ab.

Wir unterscheiden zwischen:

- Wort-Marke (Schriftzug)
- Bild-Marke (Bild/Symbol; z. B.: Mercedes-Stern)
- Wort-Bildmarke (Kombination von Bild und Schriftzug)

Das Zeichen ® steht für eine eingetragene Handelsmarke (Registered Trade Mark).

2.2 Markt

Markt, lat. mercatus = Handel, merx = Ware

Unter Markt im engeren Sinn verstehen wir den Ort bzw. Handelsplatz, an dem Waren regelmäßig getauscht oder gehandelt werden.

Im weiteren Sinn bedeutet Markt das geregelte Zusammenführen von Angebot (Waren, Dienstleistungen, Ideen, Personen) und Nachfrage. Ein Markt ist also dort gegeben, wo Angebot (Güter) und Nachfrage (Kunden bzw. Zielgruppe) zusammen kommen. Das betrifft den Supermarkt genauso wie den Weltmarkt.

Modul // Selbstmarketing

2 Marketing – Begriffsklärung & Grundlagen

2.3 Marketing

Marketing bedeutet „etwas auf den Markt bringen"

Marketing umfasst somit alle Maßnahmen, die der Vermarktung von Waren, Dienstleistungen, Ideen oder auch Personen dienen. Diese Maßnahmen beschränken sich nicht allein auf die Vermittlung von Werbebotschaften oder ein Verkaufsgespräch. Gemeint sind wirklich *alle* Maßnahmen, von der Produkt- oder Preis-Gestaltung bis zur Auswahl geeigneter Vertriebs-Partner oder Lieferanten.

Als strategischer, betriebswirtschaftlicher Prozess zielt Marketing vor allem darauf ab:

- ähnliche Produkte, Dienstleistungen, Ideen, Personen voneinander unterscheidbar zu machen
- (individuelle) Kunden-Bedürfnisse zu befriedigen
- über die Planung und Durchführung von Absätzen (Gütern, Dienstleistungen, Ideen) die Zukunft von Unternehmen zu sichern
- den Austausch von Gütern, Dienstleistungen und Ideen zu ermöglichen
- neue Märkte zu erschließen bzw. vorhandene zu erweitern

2.4 Marketing-Mix – zentrale Aspekte

Die „4 Ps"

Die Fülle von Einzelmaßnahmen rund um die Vermarktung eines Produkts, einer Dienstleistung, Idee oder Person nennt man Marketing-Mix. Er liefert die Grundlage für die Marketing-Strategie.

Modul // Selbstmarketing

2 Marketing – Begriffsklärung & Grundlagen

Für die zentralen Elemente des Marketing-Mix stehen im Englischen die „4 Ps":

- Price (Preis)
- Product (Produkt)
- Place (Distribution, Vertrieb)
- Promotion (Kommunikation)

2.4.1 Price (Preis)

Wie muss der Preis eines Produkts oder einer Leistung beschaffen sein, damit die Zielgruppe ein Produkt akzeptiert bzw. kauft? Dass dies nicht allein davon abhängt, ob ein Produkt günstig oder teuer ist, scheint bei näherer Betrachtung klar.

Entscheidend für die Preisfindung sind vor allem folgende Aspekte:

Der Preis ist produktgerecht ▶ entspricht dem Qualitäts- oder Image-Wert
Der Preis ist zielgruppengerecht ▶ ist für die angestrebte Zielgruppe leistbar
Der Preis ist marktgerecht ▶ kann an vergleichbaren Produkten gemessen werden

Maßnahmen der Preis-Politik (Preis-Gestaltung):

- Preisbestimmung
- Rabatte
- Mengenzuschläge
- Zahlungs- und Kreditbedingungen
- etc.

Das in Zusammenhang mit der Preisgestaltung oft zitierte **Preis-Leistungsverhältnis** ist eine betriebswirtschaftliche Kennzahl. Sie beschreibt das **Verhältnis zwischen:**

Modul // Selbstmarketing

2 Marketing – Begriffsklärung & Grundlagen

- Entstehungs-Kosten (anteilige und direkt zuordenbare Kosten) und
- klar definierter Produkt-Leistung

2.4.2 Product (Produkt)

Wie müssen Produkte oder Leistungen beschaffen sein, um den Bedürfnissen der Zielgruppe gerecht zu werden? Entscheidend ist hier, welche potenziellen Kunden ins Auge gefasst werden.

Gerade auf Produkt-Ebene bietet sich eine Fülle von Ansatzpunkten zur Differenzierung. In punkto Zielgruppe und auch im Hinblick auf den Markt. Denn jüngere Menschen stellen andere Anforderungen an ein Produkt als ältere, Umweltbewusste legen auf andere Dinge Wert, als weniger umweltbewusste KäuferInnen usw.

Instrumente der Produkt-Politik:

- Qualität
- Material, Inhaltsstoffe
- Aussehen, Farbe, Geruch, Geschmack
- Handhabung
- Stil
- Größe
- Service
- Garantien
- Verpackung
- etc.

2.4.3 Promotion (Kommunikation)

Wie können Unternehmen potenzielle KundInnen auf Produkte (Dienstleistungen, Ideen) aufmerksam machen? Auch hier ist die angepeilte Zielgruppe von großer Be-

Modul // Selbstmarketing

2 Marketing – Begriffsklärung & Grundlagen

deutung. Denn nicht alle Menschen lassen sich über die gleichen Kommunikations-Kanäle erreichen.

Maßnahmen der Kommunikations-Politik:

- Klassische Werbung (TV- oder Radio-Werbung, Printwerbung ...)
- Verkaufsförderung
- Telefonmarketing
- Direct Marketing (Mailings)
- elektronisches Marketing (Twitter, Facebook ...)
- Events
- Public Relations/PR (Öffentlichkeitsarbeit)
- Mundpropaganda
- Opinion Leader (Meinungsführer) einbeziehen
- Networking betreiben
- etc.

2.4.4 Place (Distribution/Vertrieb)

Wie kommt ein Produkt möglichst einfach, schnell und kostengünstig zu den KundInnen? Je nach Produkt oder Beschaffenheit (verderblich, robust, heikel ...) werden unterschiedliche Überlegungen eine Rolle spielen.

Elemente der Vertriebs-Politik:

- Standort (nahe am Kunden oder weit entfernt)
- Sortiments- und Lagerhaltung
- Absatz-Mittler
- Vertriebs-Kanäle (Verkauf im Geschäft, von Tür zu Tür oder via Internet ...)
- Transport-Mittel (Schiff, Flugzeug, LKW, Bahn ...)
- Liefer-Wege

Modul // Selbstmarketing

2 Marketing – Begriffsklärung & Grundlagen

2.5 Marketing-Mix – weitere Aspekte

Im Zusammenhang mit einfacheren Selbstmarketing-Vorhaben werden die unter diesem Punkt beschriebenen Aspekte eher selten zum Tragen kommen. Bei komplexeren Vorhaben – wie zum Beispiel dem Schritt in die Selbständigkeit – können sie von Bedeutung sein.

2.5.1 Personnel (Personal)

Wie ist es um das Personal bestellt, das an der Herstellung eines Produktes beteiligt ist bzw. eine Dienstleistung erbringt? Reichen die Kapazitäten aus? Stimmt die Motivation? Ist die Führung kompetent? Sind die MitarbeiterInnen entsprechend qualifiziert, um die Vorgaben erfüllen zu können?

Ob ein Produkt oder eine Dienstleistung am Markt erfolgreich ist, bestimmen vielfach die Antworten auf diese und ähnliche Fragen.

Aspekte der Personal-Politik:

- Quantität
- Qualität
- Schulungen
- Incentive-Programme
- etc.

2.5.2 Process Management (Prozess-Management)

Was sind die entscheidenden Prozesse und wie sind sie gestaltet? Ein schlecht geöltes Rädchen im Prozess oder unzureichend aufeinander abgestimmte Schritte können den Erfolg gefährden. Deshalb ist es wichtig, Prozesse immer wieder infrage zu stellen.

Modul // Selbstmarketing

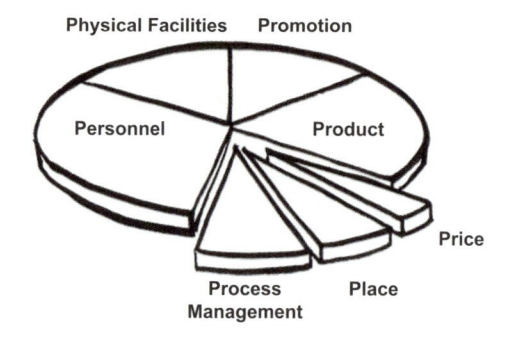

2 Marketing – Begriffsklärung & Grundlagen

Wesentliche Faktoren im Prozess-Management:

- reibungslose Abläufe
- Zusammenarbeit zwischen einzelnen Abteilungen
- interne Kommunikation
- Kontrolle
- etc.

2.5.3 Physical Facilities (Ausstattung)

Welche Infrastruktur wird jeweils benötigt? Ob ein Produkt auf dem Markt bestehen kann, bestimmen auch quantitative (mengenmäßige) und qualitative Ausstattung eines Betriebes und dessen Umfeld.

Elemente der Ausstattungs-Politik:

- Infrastruktur
- Art des Gebäudes
- Technische Ausstattung
- Einrichtung
- Umfeld
- etc.

Modul // Selbstmarketing

2 Marketing – Begriffsklärung & Grundlagen

2.6 Das Wichtigste zusammengefasst

- Der Marketing-Mix umfasst alle der Vermarktung dienenden Einzelmaßnahmen rund um ein Produkt (eine Dienstleistung, Idee, Person).

- Zentrale Elemente des Marketing-Mix sind die „4 Ps" Price (Preis), Product (Produkt), Promotion (Kommunikation) und Place (Distribution/Vertrieb).

- Weitere Aspekte des Marketing-Mix sind Personnel (Personal), Process Management (Prozess-Management) und Physical Facilities (Ausstattung).

- Ein gelungener Marketing-Mix ist Voraussetzung für Synergie-Effekte und zeichnet sich durch optimales Zusammenspiel der einzelnen Aspekte aus.

- Ziel der Marketing-Mix-Maßnahmen ist der Aufbau einer langfristigen Kundenbeziehung. Das sichert gleichzeitig den Unternehmenserfolg.

Modul // Selbstmarketing

3 Marketing-Fachbegriffe und ihre Bedeutung fürs Selbstmarketing

Marketing für die Marke ICH

Marketing-Begriffe und ihre Bedeutung liefern die Grundlagen für erfolgreiches Selbstmarketing. Deshalb übertragen wir – wie schon eingangs erwähnt – Schlüssel-Begriffe aus Marketing und dessen Teilbereich, der Werbung, auf die persönliche Ebene der Marke ICH, stellen Analogien (= Querverweise) her und zeigen, worauf es beim Selbstmarketing ankommt. Das funktioniert für berufliche und private Ziele. In unserem Zusammenhang konzentrieren wir uns auf berufliche Aspekte.

3.1 Markt-Analyse und Beobachtung

Markt-Analyse und -Beobachtung liefern wertvolle Erkenntnisse für die Planung von Marketing-Vorhaben. Sie dienen der Beschaffung von Informationen über den Markt und liefern die Basis für Prognosen (Vorhersagen) und damit zur Strategie-Entwicklung.

Markt-Analyse:
- ist eine punktuelle Darstellung der Markt-Situation auf Basis jeweils aktueller Daten
- Beispiel: Umsatz-Vergleich erstes Halbjahr 2009/erstes Halbjahr 2010

Markt-Beobachtung:
- betrachtet einen längeren Zeitraum
- bezieht weitreichendere Informationen ein
- Beispiel-Frage: Wie hat sich die Marken-Bekanntheit des Produktes XY im ersten Halbjahr 2010 entwickelt?

3.1.1 Markt erkunden

Für Ihr Selbstmarketing-Vorhaben entspricht die Markt-Analyse bzw. –Beobachtung der Analyse des angestrebten Umfelds oder Bereichs.

Modul // Selbstmarketing

3 Marketing-Fachbegriffe und ihre Bedeutung fürs Selbstmarketing

Beispiele für hilfreiche Fragen:

- Gibt es einen Markt für mein Angebot?
- Wo finde ich am ehesten AdressatInnen/AbnehmerInnen?
- Welche Rahmenbedingungen (geografisch ...) sind günstig?
- Was gibt es bereits wo im Zusammenhang mit meinem Vorhaben, was fehlt (Markt-Lücke)?
- Wer und wie groß ist mein Mitbewerb?

Tipps:

- Web-Recherche
- Medien-Recherche
- Umhören in einschlägigen Kreisen (▶ Networking)
- etc.

3.2 Bedürfnisse und Bedarf

Bedürfnisse schaffen Bedarf!

Unter **Bedürfnis** versteht man Verlangen, einen tatsächlichen oder empfundenen Mangel zu beseitigen. Bedürfnisse sind die Vorstufe des Bedarfs. Aus einem Bedürfnis entsteht Bedarf, wenn dem Bedürfnis entsprechende Kaufkraft gegenüber steht.

Bedarf nennt man demnach den Umfang an Bedürfnissen, der mit vorhandenen (Geld-)Mitteln befriedigt werden kann. Aus Bedarf entwickelt sich **Nachfrage,** wenn vorhandene Kaufkraft in tatsächliche Kaufabsicht mündet.

Modul // Selbstmarketing

3 Marketing-Fachbegriffe und ihre Bedeutung fürs Selbstmarketing

Die 5 Bedürfnis-Stufen (nach Maslow) oder „Was treibt uns an?"

Bedürfnispyramide (von oben nach unten):

- **Selbstverwirklichung**
- **Ich Bedürfnisse** — Anerkennung/Geltung
- **Soziale Bedürfnisse** — Freundschaft, Liebe, Gruppenzugehörigkeit
- **Sicherheitsbedürfnisse** — materielle und berufliche Sicherheit
- **Grundbedürfnisse** — Essen, Trinken, Schlafen

Wachstumsbedürfnisse (obere Stufe) / Defizitbedürfnisse (untere Stufen)

Bedürfnispyramide nach Abraham Harold Maslow (1908-1970)

Die menschlichen Grundbedürfnisse bilden den Sockel von Maslows Bedürfnis-Pyramide (Stufe 1). Das Modell besagt, dass wir uns erst dann „höheren" Bedürfnissen widmen können, wenn die Grund-Bedürfnisse befriedigt sind.

1) Körperliche Grundbedürfnisse:
Essen, Trinken, Schlafen, Sexualität ...

Modul // Selbstmarketing

3 Marketing-Fachbegriffe und ihre Bedeutung fürs Selbstmarketing

2) Sicherheit:
Sicherer Arbeitsplatz, „ein Dach über dem Kopf haben" ...

3) Soziale Beziehungen:
Partnerschaft, Familie, Freundeskreis ...

4) Soziale Anerkennung:
Karriere, Status, Macht ...

5) Selbstverwirklichung:
Entfaltung der Talente, Gerechtigkeit ...

3.2.1 Bedarf erheben

Nachfrage schafft Bedarf. Das gilt auch im persönlichen Umfeld.

Beispiele für hilfreiche Fragen:

- Ist mein Angebot (Kenntnisse, Fähigkeiten ...) derzeit am Markt gefragt?
- Welche Möglichkeiten gibt es, den Bedarf zu wecken?
- Welche meiner Kenntnisse, Fähigkeiten ... sind selten?
- Wo besteht Mangel, wo ein Überangebot?
- Welche zusätzlichen Qualifikationen kann/will ich erwerben, um der Nachfrage besser gerecht zu werden?

Tipps:

- Medien (Zeitungen, Zeitschriften, Internet ...) nach Ideen durchforsten
- Bedarf ggf. wecken, z. B. indem Sie herausstreichen, wodurch Ihr Gegenüber profitiert (▶ siehe dazu auch unter „Consumer Benefit")
- ExpertInnen nach Trends fragen
- in der Weiterbildung Kenntnisse anstreben, die nicht jeder hat

Modul // Selbstmarketing

3 Marketing-Fachbegriffe und ihre Bedeutung fürs Selbstmarketing

3.3 Zielgruppe

Eine Zielgruppe repräsentiert eine **bestimmte Menge von Markt-Teilnehmern**, an die sich ein Angebot (Ware, Dienstleistung, Botschaft) richtet. Sie definiert sich über **soziodemografische Merkmale** (Alter, Familienstand, Haushalts-Einkommen, geografisches Gebiet ...) und **psychografische Merkmale** (Einstellungen, Werte, Vorliebe ...).
Genaue Zielgruppen-Bestimmung ist das Fundament des Marketings und entscheidend für nachgelagerte Prozesse wie:

- Produkt-Politik
- Kreation & Kommunikation
- Preis-Politik

3.3.1 Zielgruppe definieren

Im Selbstmarketing entspricht die Zielgruppe Ihrer AnsprechpartnerIn bzw. Ihrem Publikum.

Beispiele für hilfreiche Fragen:

- Wer sind die richtigen Ansprech-PartnerInnen für mein Vorhaben?
- Wie schätze ich mein Gegenüber/Publikum ein?
- Was kommt vermutlich bei meinem Gegenüber an?
- Was lehnt mein Gegenüber vermutlich ab?
- Bin ich mit meinem Angebot oder Vorhaben überhaupt an der richtigen Adresse?

Tipps:

- vorab recherchieren, für welche Personen Ihr Angebot passt, wer Ihre Ansprech-PartnerInnen sind und was sie von Ihnen erwarten

Modul // Selbstmarketing

3 Marketing-Fachbegriffe und ihre Bedeutung fürs Selbstmarketing

- zielgruppengerecht kommunizieren und die jeweils passenden Worte finden
- in Gesprächen aktiv zuhören, damit Sie besser auf Ihr Gegenüber eingehen können
- Gleichklang erzeugen (Wortwahl, Gesprächsstil, Tonfall, Körpersprache, Outfit) und so das Gesprächs-Klima fördern

3.4 Mitbewerb oder Konkurrenz

Konkurrenz, lat. concurrere = zusammenlaufen

Unter Mitbewerb oder Konkurrenz versteht man den Wettbewerb mehrerer Markt-Anbieter mit ähnlichen Angeboten um potenzielle KundInnen. Den Mitbewerb möglichst genau zu kennen und die eigene Strategie danach auszurichten, ist wichtig für die strategische Planung von Marketing-Vorhaben.

In der Praxis gibt es nämlich kaum Unternehmen, die konkurrenzlos sind oder zumindest einzelne konkurrenzlose Produkte oder Dienstleistungen anzubieten haben. Und falls doch einmal, werden Produkte oder Leistungen bald imitiert. Der Mitbewerb zieht nach.

Um der Haupt-Aufgabe von Marketing – Differenzierung – gerecht zu werden, ist es demnach wichtig, stets ein Auge auf die Konkurrenz zu haben.

3.4.1 Mitbewerb ausloten

Der Mitbewerb im Selbstmarketing entspricht dem Personenkreis, der im angestrebten Bereich Ähnliches zu bieten hat.

Beispiele für hilfreiche Fragen:

- Wie groß ist meine Konkurrenz?
- Wer sind meine MitbewerberInnen?

Modul // Selbstmarketing

3 Marketing-Fachbegriffe und ihre Bedeutung fürs Selbstmarketing

- Welche Angebote (Produkte, Ideen, Kenntnisse, Fähigkeiten ...) hat mein Mitbewerb?
- Gibt es geografische Gebiete, wo es weniger Mitbewerber gibt?

Tipps:

- herausfinden, wie Sie der Konkurrenz eine Nasenlänge voraus sein können (z. B. durch spezifische Weiterbildung)
- ggf. Kooperationen anstreben oder anregen, sofern Ihr Angebot gut in die Angebots-Palette eines Mitbewerbers passt

3.5 Benchmarking (sich an den Besten messen)

Benchmark, engl. (= Maßstab), Benchmarking (= Maßstäbe setzen)

Benchmarking ist ein Konzept zum Leistungs-Vergleich. In der Praxis versteht man darunter „Orientierung an den Besten" in einem bestimmten Markt-Segment. Im Prinzip lassen sich alle Merkmale und Maßnahmen, die mit einem Produkt (einer Dienstleistung oder Idee) in Zusammenhang stehen, „benchmarken" bzw. vergleichen.

Benchmarking-Ziele:

- Leistungs-Vergleich (Objekte, Prozesse, Programm ...) anstellen
- Stärken & Schwächen eines Angebots/Unternehmens aufzeigen
- eigenständige Positionierung entwickeln
- Maßnahmen-Plan zur Leistungs-Verbesserung erstellen und umsetzen

Auf der Suche nach neuen Ansätzen oder Ideen ist es besonders interessant, sich mit jemandem zu vergleichen, der in einem ganz anderen Segment tätig ist. Denken Sie z. B. an die Mode-Industrie, die ihre kreativen Ideen aus unterschiedlichsten Quellen (Sport, Folklore, Arbeits-Kleidung ...) bezieht.

Modul // Selbstmarketing

3 Marketing-Fachbegriffe und ihre Bedeutung fürs Selbstmarketing

3.5.1 An Vorbildern orientieren

Benchmarking entspricht auch im Selbstmarketing der Orientierung an den jeweils Besten im angestrebten Bereich.

Beispiele für hilfreiche Fragen:

- Wer ist Ton angebend und warum?
- Welche Eigenschaften, Fähigkeiten, Kenntnisse sollte ich mir (noch) aneignen?
- Was und wie kann ich von den Besten lernen?

Tipps:

- Vergleiche auf möglichst allen Ebenen (Aussehen/Design, Werdegang/Herstellung, Arbeitsstil/Prozesse ...) anstellen
- auch Personen/Unternehmen für Vergleiche heranziehen, die in einem ganz anderen Bereich tätig sind
- Netzwerke bilden
- Vorträge und einschlägige Veranstaltungen besuchen
- aktiv weiterbilden

3.6 Positionierung

Positionierung umfasst, was ein Produkt leistet und für wen
(nach David Ogilvy)

Aufgabe der Positionierung im Marketing ist das Schaffen und Hervorheben von Produkt-Qualitäten und -Stärken, mit dem Ziel, Unterscheidungs-Merkmale von Angeboten des Mitbewerbs zu generieren. Je „eigenständiger", unverwechselbarer diese Merkmale sind, desto weniger angreifbar ist die Positionierung.

Modul // Selbstmarketing

3 Marketing-Fachbegriffe und ihre Bedeutung fürs Selbstmarketing

3.6.1 Klar sagen, was man zu bieten hat und für wen

In Bezug auf ein Selbstmarketing-Vorhaben entspricht die Positionierung dem „sich Vorstellen" oder dem Vorstellen seiner Idee.

Beispiele für hilfreiche Fragen:

- Wofür stehe ich?
- Was habe ich anzubieten?
- Was kann ich besonders gut?
- Wo liegen meine Stärken?
- Was kann ich (im relevanten Zusammenhang) besser als andere?

Tipps:

- mündliche Kurzpräsentation vorbereiten, mit der man sich oder sein Angebot in max. 3 Minuten klar und überzeugend darstellen kann
- den Fokus auf die Vorteile fürs Gegenüber legen (▶ siehe dazu im folgenden Punkt „Consumer Benefit")
- sich Stärken bewusst machen und Schwächen schwächen

3.7 Consumer-Benefit (Kunden-Nutzen)

Benefit, engl. = Vorteil/Nutzen

Der Consumer-Benefit als Verbraucher-Vorteil beschreibt den Nutzen eines Angebots für die KonsumentInnen und geht bewusst auf die Bedürfnisse der Zielgruppe ein.

Modul // Selbstmarketing

3 Marketing-Fachbegriffe und ihre Bedeutung fürs Selbstmarketing

Zu unterscheiden sind:

- Grund- bzw. Haupt-Nutzen: ▶ Wofür ist das Produkt, die Dienstleistung gut?
- Zusatz-Nutzen: ▶ Welchen Mehrwert bietet das Produkt, die Dienstleistung darüber hinaus?

Dazu ein Beispiel:

Der Grundnutzen einer Zahnpasta besteht darin, die Zähne zu reinigen.

Mögliche Zusatz-Nutzen können sein: Geschmack, Zahnfleisch-Schonung, praktischer Dosier-Spender …

Bei gleichartigen (= generischen) Konkurrenz-Produkten liegt der Marketing-Schwerpunkt beim Zusatz-Nutzen. Denn der Grund-Nutzen trifft auf alle zu.

ÜBUNG: Grund-Nutzen definieren und Zusatz-Nutzen finden

Nennen Sie für folgende Produkte oder Dienstleistungen den Grund-Nutzen und finden Sie mindestens 3 mögliche Zusatz-Nutzen.

Reise-Büro:

_____

_____

Mobil-Telefon:

_____

_____

Modul // Selbstmarketing

3 Marketing-Fachbegriffe und ihre Bedeutung fürs Selbstmarketing

Haar-Shampoo:

_____

_____

3.7.1 Zielgruppen-Nutzen definieren

Der Consumer Benefit entspricht den persönlichen Vorzügen oder Stärken bzw. den Vorteilen eines Angebots, die für das jeweilige Gegenüber von Nutzen sind.

Beispiele für hilfreiche Fragen:

- Was braucht/erwartet mein Gegenüber im jeweiligen Zusammenhang?
- Wodurch kann ich (mit meinem Angebot) das Leben meines Gegenübers erleichtern oder angenehmer machen?
- Was habe ich zu bieten (spezielle Kenntnisse, Kunden-Kontakte ...), das für mein Gegenüber von Vorteil sein könnte?

Tipps:

- im Vorfeld checken, welches Spektrum das Umfeld oder Geschäftsfeld der Ansprechpartnerin/des Ansprechpartners umfasst und überlegen, welche meiner Talente nützlich sein könnten
- Nutzen-Argumente mit Hilfe der menschlichen Bedürfnisse finden (▶ siehe dazu auch im Kapitel „Ihr Auftritt bitte – strategische Tipps" unter Punkt „Nutzen-Argumente finden")

3.8 USP (Einzigartiges Verkaufs-Versprechen)

USP/Unique Selling Proposition, engl. = Einzigartiges Verkaufsversprechen
(1940, nach Rosser Reeves)

Modul // Selbstmarketing

3 Marketing-Fachbegriffe und ihre Bedeutung fürs Selbstmarketing

Wir haben schon erörtert, dass Marketing vor allem der Differenzierung dient und demnach Merkmale betont, die Produkte, Dienstleistungen, Ideen oder Personen von ähnlichen unterscheiden. Der **USP** ist *das* „Alleinstellungs-Merkmal" schlechthin.
Die Idee dahinter ist, zumindest ein Merkmal zu definieren, das sonst niemand hat.

Der USP ist meist „Aufhänger" für die (Werbe-)Botschaft

Der USP als „Produkt-Versprechen":

- dient der Hervorhebung eines Produktes gegenüber dem Mitbewerb
- beschreibt im Idealfall ein „Alleinstellungs-Merkmal" (das allein das betreffende Produkt besitzt) bzw.
- betont in der Praxis ein Leistungs-Merkmal oder Argument, welches der Mitbewerb für sein Produkt nicht „besetzt" (bzw. in Anspruch nimmt)
- will erreichen, dass die Zielgruppe dem betreffenden Angebot den Vorzug (Präferenz) gibt

USP-Qualitäten

Rationaler USP: Das hervorgehobene Leistungs-Merkmal bezieht sich auf einen rational nachvollziehbaren Vorteil oder Nutzen (technisches Detail, besonderer Inhalts-Stoff, einzigartige Form, herausragende Service-Leistung, unkomplizierte Handhabung, günstigster Preis ...)

Emotionaler USP: Das hervorgehobene Leistungs-Merkmal bezieht sich auf einen emotional (gefühlsmäßig) nachvollziehbaren Vorteil oder Nutzen (z. B. macht das Produkt cooler, begehrenswerter ...)

Dass ein USP selten auf lange Sicht festgeschrieben ist, liegt auf der Hand. Denn die Konkurrenz schläft nicht und zieht nach (▶ vgl. dazu z. B. den Konkurrenz-Kampf am Markt für Mobiltelefone).

Modul // Selbstmarketing

3 Marketing-Fachbegriffe und ihre Bedeutung fürs Selbstmarketing

Fazit: Permanente Weiterentwicklung ist unerlässlich. Das gilt für eine Produkt-Marke ebenso wie für die Marke ICH.

Die Formulierung des USP ist *die* Herausforderung für das Marketing. Denn die **Identifizierung der KundInnen** mit einem Produkt, einer Dienstleistung, Idee **erfolgt über den USP.**

3.8.1 Einzigartiges herausstreichen

Im Selbstmarketing-Vorhaben entspricht der USP dem persönlichen Leistungs-Versprechen bzw. dem zentralen Versprechen des Angebots ans Gegenüber.

Beispiele für hilfreiche Fragen:

- Welche Eigenschaften heben mich/mein Angebot (zumindest im näheren Umfeld) vom Mitbewerb ab?
- Was kann ich im relevanten Zusammenhang am besten/besser als andere?
- Gibt es vielleicht sogar etwas, das nur ich kann (Alleinstellung)?
- Welche „Soft skills" (z. B. Teamfähigkeit, Kommunikationsstärke ...) zeichnen mich aus?

Tipps:

- recherchieren, was der Mitbewerb zu bieten hat bzw. seinen KundInnen verspricht und sich (wenigstens in Teilbereichen) positiv abheben
- im oft notwendigen Bemühen, sich vom Mitbewerb abzugrenzen, wirkt positive Argumentation souveräner als direkter Angriff des Mitbewerbs (z. B. „Mein Angebot ist derzeit das einzige, das für dieses Problem eine Lösung bietet" statt: „Im Gegensatz zum Produkt xy biete ich hier eine Lösung an")

Modul // Selbstmarketing

3 Marketing-Fachbegriffe und ihre Bedeutung fürs Selbstmarketing

3.9 Reason Why (Glaubwürdigkeit)

Reason Why, engl. = der Grund für etwas

Der **Reason Why** ist der **Nachweis** für das meist über den USP kommunizierte **(Produkt-)Versprechen.** Er liefert den Grund, warum etwas ist, wie es ist bzw. (in der Werbung) behauptet wird.

Wird z. B. ein neues Waschmittel beworben, das durch neue Inhaltsstoffe weißer wäscht, so entspricht die dafür ausschlaggebende Rezeptur dem Reason Why.

Auch wenn es in der Werbung, wo das Augenmerk oft auf kurzfristigen Erfolgen liegt, nicht immer so aussieht: Für nachhaltigen Erfolg ist Glaubwürdigkeit entscheidend.

3.9.1 Beweis antreten

Im Selbstmarketing entspricht der Reason Why persönlichen Überzeugungs-Gründen.
Fragen Sie sich deshalb, wie Sie Ihr Angebots- oder Ihr persönliches Leistungs-Versprechen belegen können.

Mögliche „Beweismittel":

- Zeugnisse
- Referenzen
- FürsprecherInnen
- Empfehlungen
- Arbeitsproben

Modul // Selbstmarketing

3 Marketing-Fachbegriffe und ihre Bedeutung fürs Selbstmarketing

3.10 Corporate Identity (CI) & Corporate Design (CD)

Identität, „Philosophie" und Gestaltungs-Richtlinien

Corporate Identity (CI) und Corporate Design (CD) beschreiben bzw. bestimmen den möglichst unverwechselbaren Charakter eines Unternehmens oder Angebots und wirken identitätsstiftend nach innen und außen.

Die **Corporate Identity (CI)** drückt sich vor allem über **Wertvorstellungen** aus. Das **Corporate-Design (CD)** legt die **optischen Gestaltungs-Richtlinien** für einen einheitlichen (Markt-)Auftritt fest (Logo-Vorgaben, Farben, Schriftarten ...). Das wirkt sich auch aus auf:

- Produkt-Design (Optik, Formgebung, Gestaltung ...)
- Package-Design
- Werbe-Mittel-Design (Folder, Flyer, Broschüren ...)
- etc.

Die CI bildet die „Klammer"

In großen Unternehmen mit vielfältigen, oft unterschiedlichen Sparten zugehörigen Angeboten, kann jede Sparte eigenständige CD-Richtlinien haben. Zum Beispiel gehorcht die vom gleichen Unternehmen erzeugte Zahnpasta vermutlich anderen Design-Richtlinien als das ebenfalls von diesem Unternehmen hergestellte Haar-Shampoo. Die CI als Verkörperung der „Unternehmens-Identität" ist jedoch für alle Sparten verbindlich. Schreibt das Unternehmen beispielsweise „Umweltfreundlichkeit" auf seine Fahnen, muss das für alle Produkt-Linien gelten.

Wichtig ist, dass die beiden Komponenten CI und CD einander ergänzen, so dass alles wirkt, „wie aus einem Guss".

Modul // Selbstmarketing

3 Marketing-Fachbegriffe und ihre Bedeutung fürs Selbstmarketing

Optische Gestaltungs-Elemente

Gestaltungs-Elemente beeinflussen den Produkt-Charakter. Wesentliche Kriterien sind:

- Farbe: auf psychologischer Ebene vermittelt Farbe bestimmte Codierungen (z. B. steht GRÜN für Natürlichkeit, ROT für Dynamik, Emotion oder Temperament ...)
- Form: auch diese gehorcht „psychologischen Gesetzen" (z. B. vermitteln spitze Formen einen rationalen Zweck, runde einen emotionalen)
- Stil: elegant, sportlich, traditionell ...
- Typografie (= Schrift): elegant, schwer, leicht, mit Serifen (= „Füßchen"), ...

Interkulturell kann die Bedeutung bzw. Wahrnehmung dieser Elemente verschieden sein.

3.10.1 Persönlichen Stil entwickeln

So wie Corporate Identity (CI) und Corporate Design (CD) den Charakter eines Unternehmens oder Produktes widerspiegeln, drückt sich Ihre Persönlichkeit über Ihre Haltung (Überzeugungen, Werte ...) und äußere Erscheinung (Auftreten, Kleidung, Frisur, Schmuck, ggf. Make up ...) aus.

Beispiele für hilfreiche Fragen:

- Wofür stehe ich?
- Welche Einstellung habe ich im Zusammenhang mit meinem Thema?
- Was unterstreicht meine Persönlichkeit positiv?
- Was passt zum Anlass?
- Was ist angemessen?
- Was passt zu meinem Typ?
- Was „verkleidet" mich?
- Wie stimme ich die „Elemente" meiner (äußeren) Erscheinung gut aufeinander ab?

Modul // Selbstmarketing

3 Marketing-Fachbegriffe und ihre Bedeutung fürs Selbstmarketing

Tipps:

- authentisch sein und auftreten
- darauf achten, dass im betreffenden Zusammenhang alles wirkt „wie aus einem Guss" (Person, Auftritt, Unterlagen …)
- sich ggf. nicht scheuen, kompetente Beratung in Anspruch zu nehmen

3.10.2 Auch schriftlich einen guten Eindruck machen

Auch schriftliche Unterlagen unterstreichen die Persönlichkeit der Marke ICH.

Beispiele für hilfreiche Fragen:

- Welchen Eindruck will ich beim Gegenüber hinterlassen?
- Welche Farbe, Schrift und ggf. Logo-Form entspricht meiner Persönlichkeit, meinem Vorhaben, den psychologischen Wahrnehmungs-Kriterien oder auch den vermuteten Vorlieben des Gegenübers?
- Welche Formulierungen sind passend?
- Wie strukturiere ich ansprechend und übersichtlich (Überschriften, Absätze …)?

Tipps:

- schriftliche Unterlagen mit Blick auf das gewünschte Ziel erstellen (wenn Sie z. B. vermitteln wollen, dass Sie strukturiert sind, strukturieren Sie auch Ihre schriftlichen Unterlagen bzw. formulieren Sie kreativ, wenn das Gegenüber erkennen soll, dass Sie ungewöhnliche Ideen haben)
- aktuell gültige Standards beachten
- zielgruppengerecht formulieren
- sich von der Norm abheben, ohne übers Ziel hinauszuschießen

Mehr Tipps zu diesem Thema finden Sie im Kapitel 5 „Ihr Auftritt bitte".

Modul // Selbstmarketing

3 Marketing-Fachbegriffe und ihre Bedeutung fürs Selbstmarketing

3.11 Das Wichtigste zusammengefasst

- Marketing ist ein (betriebswirtschaftlicher) Prozess bzw. eine Strategie zur Differenzierung vom Mitbewerb. Die Erkenntnisse lassen sich auch auf Selbstmarketing-Vorhaben übertragen.
- Ziel ist, bei der Zielgruppe bzw. bei den Ansprech-PartnerInnen Präferenz für das eigene Angebot (die eigene Person) zu schaffen, so dass man Ihnen oder Ihrem Angebot den Vorzug gibt.
- Stationen einer (Selbst-)Marketing-Strategie im Überblick:
- Markt/Umfeld erkunden
- Bedarf erheben
- Ziel und Zielgruppe definieren
- Mitbewerb ausloten
- an Vorbildern orientieren
- Positionierung festlegen
- Zielgruppen-Nutzen definieren
- USP definieren
- Reason Why/Nachweise für das Leistungs-Versprechen erbringen
- Corporate-Design (CD) beachten
- geeignete Mittel zur Unterstützung der Ziel-Erreichung festlegen
- laufende Erfolgs-Kontrolle gewährleisten und ggf. Korrektur-Schleife einbauen

Modul // Selbstmarketing

4 Selbstmarketing-Tipps

Werden Sie zum eigenen/zur eigenen Marketing Manager/in

Vielleicht kennen auch Sie so eine Situation: Sie leisten gute Arbeit und fühlen sich bereit für den nächsten Karriere-Schritt. Dennoch kommen Sie nicht vom Fleck. Bei Neubesetzungen interessanter Stellen werden Sie mit schöner Regelmäßigkeit übergangen. Ihre KollegInnen oder Bekannten ziehen – obwohl nicht besser qualifiziert – an Ihnen vorbei. Vermutlich denken Sie, andere haben einfach mehr Glück. Doch meist liegt das Erfolgs-Geheimnis in gutem Selbstmarketing.

„Klappern gehört zum Handwerk"

In Werbung und Marketing ist das ein beliebter Spruch. Auch die Marke ICH braucht gute Marketing Manager/innen und eine überzeugende Strategie für den großen oder auch kleineren Auftritt. Wie soll denn sonst jemand von Ihren Qualitäten erfahren? Ihre Aufgabe als Selbstmarketing MangerIn ist, zu zeigen, was in Ihnen steckt und wie Sie sich im jeweiligen Zusammenhang von anderen unterscheiden. Das erfordert Fachwissen, strategisches Denken und Selbstbewusstsein. Mit überzogener „Selbstdarstellung" hat das nichts zu tun.

Sie wollen interessant sein? Seien Sie interessiert[3]. *(Paul Arden)*

4.1 Strategisch angehen

Definieren Sie Ihre Ziele, analysieren Sie Ihren Mitbewerb, erstellen Sie Ihr persönliches Stärkeprofil, machen Sie Ihre Leistungen sichtbar und schaffen Sie Individualität über Differenzierung. „Verkaufen" Sie Ihre Marke ICH gezielt anhand der beschriebenen Stationen im Marketing-Fahrplan und der folgenden Tipps.

---

[3] Titel: Egal was du denkst, denk das Gegenteil Seite 59 Deutsche Ausgabe: Ehrenwirth / Verlagsgruppe Lübbe, 2007 Bergisch Gladbach, Original-Ausgabe: Copyright by Paul Arden 2006

Modul // Selbstmarketing

4 Selbstmarketing-Tipps

4.1.1 Innere Einstellung überprüfen

Die richtige Einstellung zählt. Horchen Sie in sich hinein. Besitzen Sie Taktgefühl und ein Talent für Beziehungs-Pflege oder setzen Sie vorwiegend die Ellbogentechnik ein, um Ihre Ziele zu erreichen?

Machen Sie sich bewusst: Gerade im beruflichen Umfeld hängt Weiterkommen auch davon ab, wie Sie auf andere wirken und sich anderen gegenüber verhalten. Wechseln Sie regelmäßig die Perspektive und versetzen Sie sich bewusst in die Rolle von Vorgesetzten, KollegInnen oder FreundInnen. Fragen Sie sich aus deren Blickwinkel, wie Sie wirken und warum.

Positive Signale:

- Begeisterung
- Motivation
- Elan
- Freude am Job
- Kommunikationsbereitschaft
- Eigen-Initiative
- sich selbst treu bleiben
- proaktiv auf andere zugehen

Was hemmt:

- sich verstellen
- versprechen, was man nicht halten kann
- falsche Bescheidenheit

Modul // Selbstmarketing

4 Selbstmarketing-Tipps

4.1.2 Ziele setzen

Realistische, messbare Ziele sind wichtig für alle, die etwas erreichen wollen. Denn nur wer sich Ziele setzt, erkennt ob er/sie angekommen ist. Ziele geben die Richtung vor, motivieren, spornen an und ermöglichen aktives Mitgestalten. Ohne Ziele entstehen Frust und Druck.

Formulieren Sie Ziele stets positiv (▶ „Ich will in 2 Jahren die Abteilung leiten" anstatt „Ich will in 2 Jahren nicht immer noch Assistent/in sein").

Persönliche Meilensteine setzen

Sie müssen nicht gleich Ihr ganzes (berufliches) Leben bis ins Detail vorausplanen. Das legt zu sehr fest und ist eher kontraproduktiv. Stellen Sie sich besser je nach Charakter-Typ oder Lebens-Phase die Frage, wo Sie in 3, 5 oder 10 Jahren sein wollen. Bleiben Sie dabei realistisch, setzen Sie Ihre persönlichen Meilensteine und behalten Sie diese im Auge. Bewahren Sie sich die nötige Flexibilität und korrigieren Sie – falls nötig – den Kurs.

Anmerkung:
Mehr über die Voraussetzungen gut formulierter Ziele finden Sie in Kapitel 5, unter Punkt „SMARTE Ziele setzen".

4.1.3 Chancen wahrnehmen

Wissen Sie, was um Sie herum vorgeht? Halten Sie stets Augen und Ohren offen? Zeigen Sie Interesse und Engagement?

Chancen wahrnehmen bedeutet im wahrsten Wortsinn „wahrnehmen". Nur wenn Sie feine Antennen für das Umfeld entwickeln, erkennen Sie gute Gelegenheiten.

Modul // Selbstmarketing

4 Selbstmarketing-Tipps

Zapfen Sie Informations-Quellen an, nehmen Sie an wichtigen Meetings und Firmen-Veranstaltungen teil, pflegen Sie relevante Kontakte, zeigen Sie Interesse und Engagement, beteiligen Sie sich aktiv am Geschehen und bringen Sie sich und Ihre Ideen ein.

4.1.4 Initiative zeigen

Veränderung erfordert Initiative. Sind Sie – wenn's drauf ankommt – dazu bereit?

Hilfreiche Selbstanalyse-Fragen:

- Bin ich dort, wo ich sein will?
- Mache ich gerne was ich mache?
- Möchte ich mich/meine aktuelle Situation verändern?
- Was „verliere/gewinne" ich dabei?
- Wie fühle ich mich nach einem Arbeitstag?
- Wie spreche ich über meine Arbeit, meine KollegInnen und Vorgesetzten?

4.1.5 Überblick behalten

Können Sie sich so organisieren, dass Sie mit möglichst wenig Aufwand gute Resultate erzielen? Sind Sie in der Lage, Prioritäten zu setzen?

Wer den Überblick behalten und sich nicht verzetteln will, braucht einen klaren Blick fürs Wesentliche und darüber hinaus gutes Zeit- und Stress-Management.

Mit der ABC-Analyse[4] Prioritäten erkennen

Die ABC-Analyse ist eine Wert-Analyse zur Zeit-Verwendung. Sie liefert einen praktikablen Ansatz für das Erkennen von Prioritäten.

---

[4] Vgl. 30 Minuten für optimales Zeitmanagement (Lothar J. Seiwert, GABAL, Offenbach 1998, S. 51)

Modul // Selbstmarketing

4 Selbstmarketing-Tipps

Wie die folgende Grafik zeigt, verwenden wir für wichtige A-Aufgaben in der Regel nur 15 % unserer Zeit. Für die wenig wichtigen C-Aufgaben „verschwenden" wir hingegen 65 % unserer Zeit. Das lässt sich ändern. Voraussetzung ist, das Missverhältnis zu erkennen, Prioritäten neu zu setzen und – wo möglich – zu delegieren.

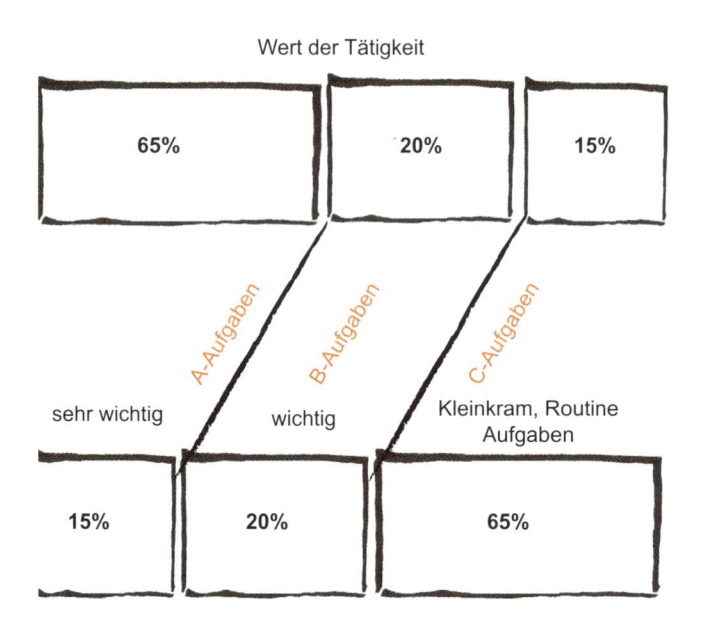

Wert der Tätigkeit

| 65% | 20% | 15% |

A-Aufgaben B-Aufgaben C-Aufgaben

sehr wichtig   wichtig   Kleinkram, Routine Aufgaben

| 15% | 20% | 65% |

Tatsächliche Zeitver(sch)wendung

Richtig umgehen mit „ABC"

- A = **sehr wichtig** ▶ selbst erledigen, ggf. im Team
- B = **wichtig** ▶ selbst erledigen, tw. delegieren
- C = **weniger wichtig** ▶ delegieren

4.2 Persönlichkeit zeigen

Persönlichkeit macht unverwechselbar. Wertfrei betrachtet, gilt das sowohl im positiven als auch im negativen Sinn. Dass in Bezug auf Selbstmarketing-Vorhaben gemeint ist, sich positiv abzuheben, liegt auf der Hand.

Modul // Selbstmarketing

4 Selbstmarketing-Tipps

4.2.1 Positive Einstellung signalisieren

Gewöhnen Sie sich an, das viel zitierte Glas Wasser als „halb voll" zu betrachten. Bedenken Sie: Auch Sie umgeben sich lieber mit positiven Menschen als mit Schwarzmalern. Nutzen Sie daher die unterstützende Wirkung von positivem Denken und arbeiten Sie an einer entsprechenden Lebenseinstellung.

Hilfreiche Selbstanalyse-Fragen:

- Bin ich grundsätzlich ein positiver Mensch?
- Welche Wörter verwende ich?
- Welche Stimmung verbreite ich?
- Bin ich oft grundlos schlecht gelaunt?
- Muntere ich andere auf?
- Lasse ich schnell den Kopf hängen?
- Suche ich nach Lösungen anstatt Probleme zu wälzen?

4.2.2 Authentisch sein

Verstecken Sie sich, wenn's drauf ankommt, gern hinter einer Maske? Wollen Sie es anderen recht machen, auch wenn Sie sich dabei selbst verleugnen müssen?

Wer erfolgreich sein will, darf sich nicht „verbiegen", muss Flagge zeigen, authentisch sein. Das bedeutet:

- Ich meine das, was ich sage.
- Ich kenne mich selbst und präsentiere mich so wie ich bin.
- Ich zeige meine Stärken und lebe sie.
- Ich kenne auch meine Fehler, stehe zu ihnen und arbeite daran, sie auszumerzen.

Modul // Selbstmarketing

4 Selbstmarketing-Tipps

ÜBUNG: Unterschiede erkennen

Notieren Sie zunächst 5 Eigenschaftswörter, die Sie im Freundeskreis beschreiben:

_____

_____

_____

_____

_____

Notieren Sie jetzt 5 Eigenschaftswörter, die Sie im Job beschreiben:

_____

_____

_____

_____

_____

Gibt es Abweichungen? – Falls ja, warum?
Machen Sie sich klar: Wer sich verstellt, wirkt unecht. Mitmenschen können keine Vertrauensbasis aufbauen. Nur wer authentisch ist, wird für die anderen greifbar.

4.2.3 Angenehme Umgangsformen pflegen

Gute Umgangsformen sind wichtig. Besonders für den Aufstieg im Beruf. Was so selbstverständlich klingt, lässt in der Praxis mitunter zu wünschen übrig. Was vor allem zählt ist:

Modul // Selbstmarketing

4 Selbstmarketing-Tipps

- freundlich grüßen
- aufmerksam gegenüber Mitmenschen sein
- persönliche Gespräche und Kontakte pflegen
- Ärger oder Stress nicht an anderen auslassen
- aufmerksam zuhören
- usw.

4.2.4 Von Anfang an einen guten Eindruck machen

Für den ersten Eindruck gibt es keine zweite Chance. Das äußere Erscheinungsbild in den ersten Minuten einer Begegnung prägt zu 60 % den Gesamteindruck. Mag Ihre Ausbildung, Ihr Fachwissen, Ihr Werdegang überdurchschnittlich sein, einen verpatzten ersten Eindruck wettzumachen, ist nicht leicht.

4.2.5 Angemessenes Outfit wählen

Für das äußere Erscheinungsbild (Kleidung, Frisur ...) gilt nicht „richtig oder falsch", sondern „passend oder unpassend". Wählen Sie Ihr Outfit dem Anlass und Umfeld entsprechend und unterstreichen Sie Ihren persönlichen Stil. Bedenken Sie: Die Art, wie Sie sich kleiden, sagt viel über Sie aus. „Verkleiden" Sie sich nicht, sondern signalisieren Sie auch über Ihr äußeres Erscheinungsbild Authentizität. Achten Sie darauf, dass Sie sich wohl fühlen. Denn das gibt Sicherheit.

4.3 Kompetenz signalisieren

Wann und wodurch wirkt jemand für Sie kompetent? Wenn sie/er mit Fachwissen glänzt? Wenn sie/er souverän, selbstsicher und überzeugend auftritt? Wenn sie/er in schwierigen Situationen anpackt oder die passende Lösung hat?

Jemand der in allen Bereichen kompetent ist, müsste wohl erst „erfunden" werden. Fach-Kompetenz, Lösungs-Kompetenz, soziale Kompetenz – allein daraus geht hervor, dass sich Kompetenz auf unterschiedliche Ebenen bezieht.

Modul // Selbstmarketing

4 Selbstmarketing-Tipps

Hilfreiche Selbstanalyse-Fragen:

- Was kann ich besonders gut oder besser als andere?
- Was kann im betreffenden Umfeld nur ich so gut?
- Wo liegen meine Kern-Kompetenzen?
- Reichen sie aus, um mein Selbstmarketing-Vorhaben zum Erfolg zu führen?
- Wo besteht Aufholbedarf?
- etc.

Stellen Sie sich diesen Fragen und überlegen Sie, was Sie wie und in welchem Zeitrahmen verbessern können und wollen. Orientieren Sie sich an Vorbildern, nutzen Sie spezifische Weiterbildungsangebote und machen Sie sich auf Ihrem Gebiet einen Namen.

4.3.1 Selbstsicherheit ausstrahlen

Eine selbstsichere, positive Ausstrahlung lässt sich nicht erzwingen, doch man kann die Voraussetzungen dafür selber schaffen. Denn Ausstrahlung kommt von innen. Nur wer sich und seiner Sache im Innersten sicher ist, strahlt das auch aus.

Deshalb: Glauben Sie an sich! Schätzen Sie Ihre Fähigkeiten und anerkennen Sie sich selbst! Wenn Sie Ihr Selbstwertgefühl durch diese Haltung steigern, verändert sich Ihre Ausstrahlung automatisch.

Wenn Sie positiv und selbstsicher auf andere wirken wollen:

- machen Sie etwas, das Sie gut können und gerne tun
- identifizieren Sie sich mit Dingen, die Sie gut können und gerne tun
- zeigen Sie Begeisterung und Engagement

Wenn Sie sich in Ihrem aktuellen Betätigungsfeld nicht entfalten und weiterentwickeln können: Machen Sie etwas anders oder etwas Anderes!

Modul // Selbstmarketing

4 Selbstmarketing-Tipps

Analysieren Sie jedoch gut, bevor Sie große Veränderungen angehen! Oft hilft ein klärendes Gespräch mit Vorgesetzten, die Ihre Fähigkeiten dann besser einschätzen können und Ihnen vielleicht passendere Aufgaben übertragen, die Sie dann mit (Selbst-)Sicherheit bewältigen werden.

4.3.2 Die eigene Meinung klar vertreten

Nur wer überzeugt ist, kann auch andere überzeugen. Unsicherheit und Wankelmut spürt Ihr Gegenüber sofort. Bilden Sie sich deshalb zunächst Ihre Meinung zum betreffenden Thema, indem Sie alle Ihnen bekannten Fakten abwägen und Ihre damit verbundenen Gefühle überprüfen. Kommunizieren Sie dann klar, strukturiert und nachvollziehbar und akzeptieren Sie auch andere Meinungen.

Tipps zur Vorgangsweise:

- überprüfen Sie Ihre Überzeugungen
- sammeln Sie Fakten
- bereiten Sie sich vor
- strukturieren Sie Ihre Argumente
- kommunizieren Sie nachvollziehbar
- achten Sie darauf, dass das Gesagte auch so ankommt, wie es gemeint ist
- stehen Sie zu dem, was Sie meinen
- seien Sie aber auch offen für andere Vorschläge oder Argumente

Natürlich müssen Sie sich nicht auf lange Sicht festlegen lassen. Sie können Ihre Meinung aufgrund neuer Erfahrungen, Erkenntnisse oder Fakten auch ändern. Doch das sollten Sie begründen können. Bedenken Sie: Wer ständig nach dem Motto „heute so, morgen so" agiert, wird auf Dauer nicht ernst genommen.

Tipp: Wenn Sie sich Anregungen holen wollen, wie man die eigene Meinung wertschätzend zum Ausdruck bringt, lesen Sie das Kapitel über „ICH-Botschaften" im Modul Kommunikation.

Modul // Selbstmarketing

4 Selbstmarketing-Tipps

4.3.3 Selbstverantwortlich agieren

Jeder Mensch ist für sein Leben selbst verantwortlich. Das gilt für Erfolge genauso wie für ungenutzte Chancen und Möglichkeiten. Gestehen Sie sich das ein und übernehmen Sie bewusst Verantwortung für das, was Sie tun oder unterlassen. Selbstverantwortlich handeln, unterstützt die Karriere. Dazu zählt, dass Sie:

- integer und verlässlich sind
- Ihre Meinung selbstbewusst vertreten
- zu Ihren Entscheidungen und Handlungen stehen
- sich und anderen Fehler eingestehen bzw. an diesen arbeiten

4.4 Sich selbst richtig einschätzen

Wie gut kennen Sie sich selbst? Gibt es Bereiche, wo Sie sich selbst völlig anders sehen als andere Sie beschreiben? Handelt es sich da um „blinde Flecken", um etwas, das Sie nicht wahrhaben wollen? Oder senden Sie einfach nur widersprüchliche Signale? Vielleicht, weil Sie sich in Bezug auf ein bestimmtes Thema selbst noch nicht sicher sind.

Nutzen Sie öfter die Gelegenheit zum „Selbstbild-Fremdbild-Abgleich"

Nutzen Sie jede Möglichkeit, sich selbst besser kennen zu lernen und bringen Sie auch in Erfahrung, wie Sie auf andere wirken.

Hilfreiche Selbstanalyse-Fragen:

- Wie beschreibe ich mich selbst?
- Was bin ich für ein Mensch?
- Kenne ich meine Eigenschaften und schätze ich diese?
- Wie komme ich bei anderen an?
- Wie würden mich andere beschreiben?

Modul // Selbstmarketing

4 Selbstmarketing-Tipps

- Wie würden mich Menschen beschreiben, die mich mögen?
- Wie würden mich Menschen beschreiben, die mich nicht besonders gut leiden können?
- Wie würde mich mein/e Chef/in/Partner/in ... beschreiben?
- Wie wäre ich gern?
- Was kann oder möchte ich verändern?
- etc.

Bitten Sie möglichst unterschiedliche Menschen um ein Feedback (▶ vgl. dazu auch das Kapitel über „Feedback" im Modul Kommunikation) und vergleichen Sie es mit Ihrem Selbstbild. Achten Sie besonders auf jene Bereiche, wo es große Unterschiede gibt.

4.4.1 (Selbst)kritikfähig sein

Wer sich weiterentwickeln will, muss auch fähig sein, sich selbst kritisch zu betrachten und Kritik von anderen anzunehmen. Letzteres fällt nicht immer leicht. Denn nicht alle KritikerInnen haben gelernt, Kritik konstruktiv und wertschätzend zu äußern. Gehen Sie hier selbst mit gutem Beispiel voran und beherzigen Sie die Tipps für „konstruktives Feedback" und das „Senden von ICH-Botschaften" aus dem Modul Kommunikation.

Hilfreiche Selbstanalyse-Fragen:

- Wie gehe ich grundsätzlich mit Kritik um?
- Nehme ich Kritik immer persönlich?
- Reagiere ich wütend/verletzt/verärgert/beleidigt/mit Rückzug ...?
- Wie verhalte ich mich, wenn mir Fehler passieren?
- etc.

Modul // Selbstmarketing

4 Selbstmarketing-Tipps

4.4.2 Stärken stärken – Schwächen schwächen

Wer sein Potenzial besser ausschöpfen will, sollte seine Stärken *und* Schwächen kennen. Bauen Sie die Stärken aus, erkennen Sie Ihre Talente und Fähigkeiten. Arbeiten Sie an Ihren Schwächen und respektieren Sie Ihre Grenzen.

Akzeptieren Sie, was Sie nicht ändern können oder wollen. Gehen Sie sorgsam mit sich um und machen Sie sich bewusst, dass Sie nicht perfekt sein müssen. Ecken und Kanten gehören zu Ihrer Persönlichkeit.

Hilfreiche Selbstanalyse-Fragen:

- Welche fachlichen Kenntnisse habe ich zu bieten?
- Was kann ich besonders gut (Berufliches, Hobbies)?
- Gibt es etwas, worum mich andere beneiden?
- Welche Aus- oder Weiterbildung habe ich aufzuweisen?
- Was waren meine bisherigen Erfolge?
- Was schätzen andere an mir?
- etc.

4.5 Soziale Kompetenz beweisen

Soziale Kompetenz ist mehr denn je gefragt. Der Wert Ihrer Arbeit wird nicht weniger geschätzt, wenn Sie auch Ihre KollegInnen unterstützen, motivieren oder für gute Arbeit loben. Im Gegenteil. Nicht nur was Sie tun, ist wichtig, sondern auch das Wie:

- gehen Sie wertschätzend mit anderen um
- seien Sie respekt- und rücksichtsvoll
- seien Sie kommunikativ und teamorientiert
- seien Sie großzügig, fair und tolerant
- bieten Sie Unterstützung an

Modul // Selbstmarketing

4 Selbstmarketing-Tipps

- übernehmen Sie Verantwortung
- bemühen Sie sich um konstruktive Lösungen
- vermeiden Sie Wichtigtuerei
- entschuldigen Sie sich, wenn Sie sich einmal im Ton vergreifen
- handeln nach dem Grundsatz „Behandle andere, so wie du selbst behandelt werden möchtest!" – fair, großzügig und tolerant.

4.5.1 Andere anerkennen

Anerkennung motiviert. Das wissen Sie aus eigener Erfahrung. Erkennen Sie deshalb auch andere ehrlich an. Dadurch zeigen Sie sich souverän und fördern den Beziehungs-Aufbau. Für Ihr Selbstmarketing-Vorhaben kommt Ihnen das letztlich selbst zugute.

Hilfreiche Selbstanalyse-Fragen:

- Wie reagiere ich, wenn andere erfolgreich sind?
- Wie reagiere ich, wenn andere ihre Aufgaben schneller oder besser lösen können?
- Bin ich oft neidisch und falls ja, worauf?
- Können Sie sich mit anderen über deren Erfolge freuen?
- Unterstützen Sie andere auf deren Weg zum Erfolg?

4.5.2 Vorurteile reflektieren (überdenken)

Die positive Seite von „Vor-Urteilen" ist, dass sie uns Einschätzungen erleichtern. Wir wollen nicht ständig alles neu beurteilen und überdenken. Wenn wir uns in einem ähnlichen Zusammenhang schon einmal ein Urteil gebildet haben, greifen wir gerne darauf zurück. In manchen Fällen kann dieser Automatismus kontraproduktiv oder schlimmer, moralisch fragwürdig sein.

Modul // Selbstmarketing

4 Selbstmarketing-Tipps

Machen Sie sich deshalb bewusst: Vorurteile oder vorgefasste Meinungen verengen den Blick und damit den Handlungs-Spielraum. Auch im Job.

Hilfreiche Selbstanalyse-Fragen:

- Neige ich zu Verallgemeinerungen?
- Orientiere ich mich gerne an Klischees?
- Habe ich Vorurteile „und falls ja" in welchem Zusammenhang?
- Aufgrund welcher Erfahrungen habe ich welche Vorurteile gefasst?
- Wann und wodurch wurde ich in Zusammenhang mit einem Vorurteil schon eines besseren belehrt?
- Ertappe ich mich öfter bei Aussagen wie „Das kann nie funktionieren!"?
- Übernehme ich Vorurteile generell, ohne sie zu hinterfragen?
- etc.

4.5.3 Klar und freundlich Grenzen ziehen

Wer immer nur „ja" sagt, wird oft ausgenutzt. Gerade im Job ist es wichtig, auch mal Grenzen zu ziehen und freundlich aber bestimmt „nein" zu sagen. Manchen Menschen fällt das aus unterschiedlichen Gründen besonders schwer. Etwa aus Angst vor Autoritäten, aus dem Wunsch heraus, andere zu unterstützen oder auch, weil man zeigen will, was man alles schaffen kann. Sollten Sie Schwierigkeiten haben, sich abzugrenzen, reflektieren Sie, warum das so ist und verändern Sie gegebenenfalls Ihre Haltung.

Hilfreiche Selbstanalyse-Fragen:

- Habe ich, wenn ich „nein" sage, Angst vor negativen Konsequenzen?
- Beziehe ich mein Selbstwertgefühl großteils daraus, es anderen recht zu machen?
- Treibt es mich an, mehr zu schaffen, als die meisten meiner KollegInnen?
- Mute ich mir oft mehr zu als ich erledigen kann?
- etc.

Modul // Selbstmarketing

4 Selbstmarketing-Tipps

4.6 Lösungsorientiert vorgehen

Kennen Sie das: Sie sitzen in einem Meeting und seit einer gefühlten Ewigkeit werden nur Probleme gewälzt. Die Diskussion bewegt sich im Kreis. Vermutungen werden angestellt, vielleicht gibt es sogar Schuldzuweisungen ... eine greifbare Lösung ist nicht in Sicht. Ein möglicher Grund könnte darin liegen, dass wir darauf trainiert sind, uns in erster Linie auf Probleme und deren Ursachen zu konzentrieren. Der daraus resultierende „Tunnel-Blick" richtet sich auf die Problemgeschichte. Der Blick in die Zukunft und damit auf die Lösung wird erschwert oder ganz verstellt.

Ändern Sie deshalb bei der nächsten Endlos-Besprechung die Perspektive und schauen Sie in Richtung Lösung. Ihre KollegInnen werden dafür dankbar sein.

4.6.1 Ideen einbringen

Ideen sind der Motor für Weiterentwicklung und geben (auch anderen) Impulse. Wenn Sie also Ideen haben, wie sich etwas bewerkstelligen oder lösen lässt, bringen Sie sie ein. Üben Sie dabei keine „Selbst-Zensur", aus Angst, jemand könnte Kritik üben, Ihre Ideen als nicht ausgereift bezeichnen oder belächeln. Vertrauen Sie darauf, dass andere für Ihren Beitrag dankbar sind, Ihre Ideen aufgreifen und weiterspinnen. Bringen Sie kreative Prozesse in Gang!

Tipp: Halten Sie spontane Ideen fest und schaffen Sie damit einen „Ideen-Pool", auf den Sie zurückgreifen können.

In Kapitel 5 finden Sie unter Punkt „Mit Kreativitäts-Techniken Ideen sammeln" eine Anleitung zur systematischen Ideen-Suche.

4.6.2 Lösungen aufzeigen statt Probleme wälzen

Sich angesichts schwieriger Probleme Gedanken über die eigenen Grenzen zu machen, ist verständlich. Zur Bewältigung dieser Probleme sind diese Gedanken eher

Modul // Selbstmarketing

4 Selbstmarketing-Tipps

hemmend. Denn im „Problem-Denken" verharren, schafft meist noch mehr Probleme. Das bringt keinen Schritt weiter und demotiviert. ProblemlöserInnen sind im Job gefragt.

Wie wäre es deshalb mit einer neuen Herangehensweise, die den Blick für Optionen öffnet?

Fragen Sie sich oder die Meeting-Runde:

- Was würde es möglich machen, das Problem zu lösen?
- Was brauchen wir ganz konkret, um das Problem zu lösen?
- Was könnte ein erster Schritt sein, diese Schwierigkeit zu überwinden?
- Wer oder was könnte dabei unterstützen?
- etc.

4.7 Den Horizont erweitern

Kommen Sie heute noch mit dem Wissen aus, das Sie sich in Ihrer Schul- und Berufs-Ausbildung oder im Studium erworben haben? Vermutlich nicht. Denn allein der technische Fortschritt verlangt uns permanent den Erwerb neuer Kenntnisse und Fertigkeiten ab.

Wer in unserer Informations-Gesellschaft den (beruflichen) Anforderungen gerecht werden will, braucht die Bereitschaft zu „Lebenslangem Lernen". Bilden Sie sich aktiv weiter – z. B. durch:

- Fachliteratur
- Kurse, Workshops oder Seminare
- Internet
- firmeninterne Schulungen
- Persönlichkeitstraining
- etc.

Modul // Selbstmarketing

4 Selbstmarketing-Tipps

4.7.1 Netzwerke und Kontakte pflegen

Netzwerke und Beziehungen sind wichtig fürs Vorankommen. Sie wollen gehegt und gepflegt werden. Denn Beziehungen sind keine Einbahnstraße.

Fragen Sie sich deshalb:

- Was kann ich tun, um andere zu unterstützen?
- Wer kann mich bei meinem Vorhaben unterstützen?
- Welche Kontakte kann ich einbringen?
- Welche Kontakte kann ich nutzen?
- Wo und wie kann ich wünschenswerte Kontakte knüpfen?

4.8 Tipps für erfolgreiche Eigen-PR

Ob Bewerbungsgespräch, Gehaltsverhandlung oder Berufsalltag – folgende Grundregeln sollten bei der Öffentlichkeitsarbeit für die eigene Person beachtet werden:

1) **Machen Sie Ihre Leistung für andere sichtbar**
   Gut sein allein genügt nicht. Verlassen Sie sich nicht darauf, dass Vorgesetzte den Wert Ihrer Arbeit von allein erkennen. Falsche Bescheidenheit ist ein Hindernis für Ihre Karriere. Kommunizieren Sie Ihre Erfolge, Fähigkeiten oder Ideen.

2) **Erstellen Sie Ihr persönliches Stärkenprofil**
   Nur wenn Sie Ihren eigenen Wert kennen, können Sie diesen nach außen vertreten. Machen Sie sich Ihre Qualifikationen, Neigungen und Kenntnisse bewusst und überlegen Sie, welche Vorteile Sie Ihren Ansprech-Partner/innen im Vergleich zu Mitbewerber/innen bieten können.

3) **Definieren Sie Ihre Ziele**
   Überlegen Sie, was Sie erreichen und wo Sie gerne arbeiten möchten. Bevor Sie die einzelnen Schritte setzen, brauchen Sie ein konkretes Ziel. Ziehen Sie zwi-

Modul // Selbstmarketing

4 Selbstmarketing-Tipps

schendurch immer wieder Bilanz: Habe ich mein Ziel im Auge behalten? Was ist mir gelungen? Was kann ich besser machen?

4) Mut zur Unvollständigkeit

Gerade in angespannten beruflichen Situationen ist es manchmal wichtig, Mängel zu akzeptieren und sich aufs Wesentliche zu konzentrieren. Übertriebener Perfektionismus verhindert Erfolgserlebnisse und schafft Unzufriedenheit. Suchen Sie deshalb nach ausbaufähigen Übergangslösungen und beweisen Sie damit, dass Sie Herausforderungen gewachsen sind.

5) Beobachten Sie die Konkurrenz

Kein größeres Unternehmen wagt sich heute in einen neuen Markt, ohne vorab die Konkurrenz auszuloten. Dies gilt auch im Beruf. Analysieren Sie Ihren Mitbewerb und spüren Sie Nischen auf.

6) Isolieren Sie sich nicht

Um beruflich voranzukommen, brauchen Sie Förderer und nützliche Beziehungen. Innerhalb und außerhalb des Unternehmens. Begeistern Sie andere für Ihre Ideen. Nur dann werden sie Ihnen helfen, Ihr Ziel zu erreichen. Kongresse, Vorträge oder Veranstaltungen sind günstige Gelegenheiten, um berufliche Netze zu knüpfen. Bedenken Sie jedoch: Netzwerke sind keine Freundeskreise, sondern strategische Allianzen.

7) Schaffen Sie Individualität

Markenartikler sind bestrebt, ihren (Markt-)Auftritt prägnant und individuell zu gestalten. Denn nur so dringen Sie ins Bewusstsein potenzieller Kunden vor. Auch im Job kommt es auf einen unverwechselbaren Auftritt an. Seien Sie unkonventionell. Finden Sie dabei das richtige Maß.

Modul // Selbstmarketing

4 Selbstmarketing-Tipps

4.9 Das Wichtigste zusammengefasst

- Selbstmarketing erfordert Marketing-Basiswissen, strategisches Geschick und darüber hinaus eine Reihe persönlicher und sozialer Kompetenzen, wie:
- positive Einstellung
- Zielstrebigkeit
- Eigeninitiative
- Strukturiertheit
- Authentizität
- Manieren
- Stil- und Taktgefühl
- Selbstbewusstsein
- Kommunikations-Kompetenz
- Kritikfähigkeit
- Teamfähigkeit
- Verantwortungsgefühl
- Offenheit
- Reflexionsvermögen
- Kreativität
- Lösungsorientierung

Modul // Selbstmarketing

5 „Ihr Auftritt bitte" – Tipps für eine gelungene Präsentation

Selbstmarketing erfordert auch Präsentations-Geschick

Im Berufsleben kommt früher oder später kaum jemand darum herum, sich selbst, ein Vorhaben, ein Projekt oder eine Idee zu präsentieren. Je nach Erfahrung wirft das jede Menge Fragen auf.

Wie gehe ich mit Lampenfieber um? Nach welchen Kriterien definiere ich Ziele? Wie erstelle ich ein Konzept? Wie schaffe ich ideale Rahmenbedingungen? Wie bereite ich mich am besten vor? Wie strukturiere ich sinnvoll? Wie komme ich selbstbewusst rüber? Wie finde ich einen interessanten Einstieg? Was mache ich, wenn ich mittendrin ein „Blackout" habe? Wie lange soll/darf ich reden? Wie kann ich rhetorisch punkten? Darf/soll ich Anschauungs-Material verwenden? Muss ich Quellen angeben? Wie gehe ich souverän mit Medien um? Wie reagiere ich auf Fragen meiner ZuhörerInnen – insbesonders auf unangenehme?

Selbst wer regelmäßig vor Publikum sprechen muss, stellt sich im Vorfeld diese Fragen. Sie dienen der gezielten Vorbereitung. Sich mit ihnen auseinanderzusetzen, gibt Sicherheit. Damit Ihr nächster Auftritt „sicher" gelingt, werden wir in der Folge Antworten auf diese Fragen geben und damit ein Rüstzeug für Ihren Auftritt liefern.

5.1 Umfassend vorbereiten

Folgende Aspekte und – damit verbunden – Aufgaben sind entscheidend:

Inhaltliche Vorbereitung:

- Zielsetzung klären
- mit der Zielgruppe (dem Publikum) auseinandersetzen
- mit dem Thema auseinandersetzen (Material sammeln und strukturieren, Gliederung entwerfen, Argumente entwickeln …)

Modul // Selbstmarketing

5 „Ihr Auftritt bitte" – Tipps für eine gelungene Präsentation

Organisatorische Vorbereitung:

- Rahmen-Bedingungen klären (Zeitpunkt/Rahmen, Ort & Raum, Ausstattung)

Persönliche Vorbereitung:

- körperliche und mentale Fitness sicherstellen

5.2 Auf gute Rahmenbedingungen achten

Genauso wie ein stickiger Theatersaal mit unbequemen Sitzen beeinflusst, ob Sie der Vorstellung mit Vergnügen folgen, spielen die Rahmenbedingungen auch bei Vorträgen und Präsentationen eine entscheidende Rolle.

Achten Sie deshalb auf:

- gutes Raumklima
- gute Sicht- und Lichtverhältnisse
- passendes Equipment (Ausstattung) und Ersatzteile
- eine angenehme Atmosphäre
- ausreichend Pausen und ggf. Verpflegung
- ggf. schriftliche Unterlagen
- etc.

5.3 Publikum/Zielgruppe erkunden

Nur wer seine Zielgruppe kennt, kann gezielt formulieren! Deshalb: Zielgruppe stets im Auge behalten – bezüglich Ansprache, Aufbereitung … oder Inszenierung.

Modul // Selbstmarketing

5 „Ihr Auftritt bitte" – Tipps für eine gelungene Präsentation

Hilfreiche Beispiel-Fragen:

- Wer ist mein Publikum (Alter, Geschlecht, Bildungsstand …)?
- Wie ist das Publikum zusammengesetzt?
- Wer hat welches Interesse teilzunehmen?
- Wer hat welche Einstellung zum Thema/zu mir als RednerIn?
- Welche Erfahrungen mit dem Thema bestehen?
- Welche Schwierigkeiten/Vorbehalte könnte es geben?
- Welche Vor-Informationen hat das Publikum?
- Welche Erwartungen hat das Publikum?
- usw.

5.4 SMARTE Ziele setzen

Wenn ich nicht weiß, *wohin* ich will, brauche ich mich nicht zu wundern, wenn ich ganz woanders ankomme.

Am Anfang jeder Planung stehen die Ziele. Sie werden von der Zielgruppe und persönlichen Motiven mitbestimmt. Fragen Sie sich vorab: Was sollen die ZuhörerInnen am Ende der Präsentation wissen oder tun? Was soll sich durch Ihre Präsentation konkret verändern? Die Ziele geben den Inhalt vor.

Außerdem gibt es ohne klare Ziele keine schlüssige Argumentations-Struktur. Wer sein(e) Ziel(e) nicht kennt, produziert auch in Vorträgen oder Präsentationen lose Mosaik-Steinchen, die letztlich nicht zusammen passen. Das Publikum kann nicht folgen, verliert den Überblick und das Interesse.

Modul // Selbstmarketing

5 „Ihr Auftritt bitte" – Tipps für eine gelungene Präsentation

Formulieren Sie Ihre Ziele SMART[5]:

S pezifisch ▶ möglichst eindeutig und klar formulieren, ggf. auch Teil-Ziele benennen

M essbar ▶ Indikatoren festlegen, an denen Sie erkennen, ob Sie angekommen sind

A ttraktiv ▶ motivierend formulieren, damit sich's lohnt

R ealistisch ▶ drauf achten, dass sie im Bereich des Möglichen liegen

T erminiert ▶ Zeithorizont definieren

„Beifall ernten wollen" ist ein verständlicher Wunsch, aber kein adäquates (passendes) Ziel. Geeignete Ziele können sein:

- andere (von der eigenen Meinung) überzeugen
- Wissen vermitteln
- Entscheidungshilfen anbieten
- Rechenschaft geben
- Interesse wecken (für eine neue Methode, ein neues Produkt ...)
- um Verständnis werben
- usw.

5.5 Material sammeln und Konzept erstellen

Ist das Thema umrissen, das Ziel definiert, geht es ans Sammeln des geeigneten Materials. Es liefert die Grundlage für Konzept und Struktur.

---

[5] Vgl. Minihandbuch Vortrag und Präsentation (Hermann Will, BELTZ, 2006, S. 59)

Modul // Selbstmarketing

5 „Ihr Auftritt bitte" – Tipps für eine gelungene Präsentation

„So kurz wie möglich und so lange wie nötig" lautet die Vorgabe für wirksame Reden oder Präsentationen. Martin Luther hat es zu seiner Zeit so formuliert: „Tritt frisch auf, mach´s Maul auf und hör bald wieder auf."

Nützliche Material-Quellen können sein:

- (Firmen-)Archive
- Internet
- Organisationen
- Verbände
- Bibliotheken
- Tageszeitungen, Fachzeitschriften
- Dokumentationen
- Tipps (von ExpertInnen, KollegInnen)
- Zitaten-Sammlungen
- Anekdoten
- etc.

Je tiefer Sie in Ihr Thema einsteigen, desto mehr Material werden Sie finden. Genau daraus ergibt sich die erste Hürde: Was und wie viel ist in der vorgegebenen Präsentations-Zeit sinnvoll und verwertbar?

Hier kann eine „A-B-C-Liste" unterstützen – z. B. nach folgenden Kriterien:

- A ▶ *Muss* ich einbeziehen
- B ▶ *Sollte* ich einbeziehen
- C ▶ *Kann* ich – falls Zeit bleibt – einbeziehen

Modul // Selbstmarketing

5 „Ihr Auftritt bitte" – Tipps für eine gelungene Präsentation

Inhalte lassen sich auch gewichten nach:

- Kernaussagen, auf die ich nicht verzichten kann
- wichtigen Aussagen, die das Thema abrunden
- interessanten Aussagen, die das Thema „würzen"
- Hintergrundmaterial, das der Absicherung dient
- Beispiele, Sprüche, Erfahrungen, die das Thema veranschaulichen

5.6 Gliederung festlegen

Der Mensch denkt in Einheiten und Strukturen. Ist eine Rede oder Präsentation gut gegliedert, können wir inhaltlich leichter folgen und behalten das Gesagte besser in Erinnerung. Doch Vorsicht: Zu viel Untergliederung kann auch unübersichtlich machen!

„Roten Faden" finden und weiterspinnen

Einleitung – Hauptteil – Schluss, untergliedert in Themen- bzw. Subkapitel, bilden das Gerüst einer gut strukturierten Rede oder Präsentation. Wie die folgende Grafik zeigt, sind die Übergänge fließend.

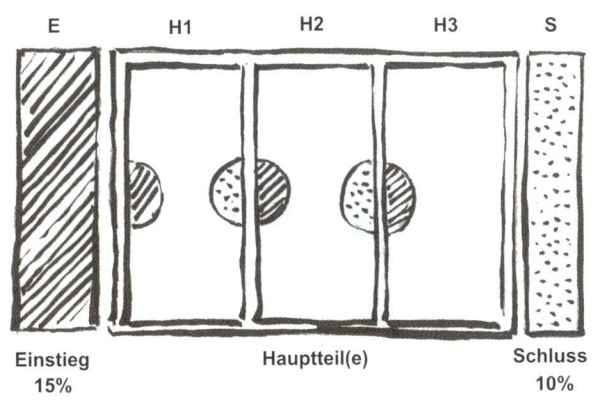

Präsentationsaufbau [6]

---

[6] Vgl. Minihandbuch Vortrag und Präsentation (Hermann Will, BELTZ, 2006, S. 24)

Modul // Selbstmarketing

5 „Ihr Auftritt bitte" – Tipps für eine gelungene Präsentation

Da Sie in den meisten Fällen eine „Aufwärm-Phase" einplanen müssen, widmen Sie der Einleitung am besten 15 % Ihrer Redezeit. Für den Schluss reservieren Sie etwa 10 %.

Bewährte Gliederungs-Strukturen:

Gestern – Heute – Morgen
Ursache – Wirkung – Lösung
Problem – Ursache – Lösungsmöglichkeiten
Pro – Contra – Fazit
Vom Beginn bis ins Heute
Vom Detail zum Ganzen
Vom Ganzen zum Detail

5.7 Mit Kreativitäts-Techniken Ideen sammeln

Das Wesen kreativer Prozesse ist, Vertrautes als fremd zu betrachten.

Gleich vorweg: Kreativität lässt sich nicht auf „Technik" reduzieren. Dennoch können Kreativitäts-Techniken als Werkzeuge oder Hilfsmittel für kreative Prozesse hilfreich sein. Kreativitäts-Techniken füllen heute ganze Bücher. Mit **Brainstorming** und **Mind Mapping** stellen wir in der Folge zwei einfache und beliebte Methoden vor.

Kreativitäts-Techniken eignen sich zur/für:

- Ideen-Findung
- Lösungs-Entwicklung
- Konzept-Erstellung
- Selbst-/Fremdklärungs-Prozesse
- Verhandlungsführung (▶ Perspektiven-Wechsel)
- usw.

Modul // Selbstmarketing

5 „Ihr Auftritt bitte" – Tipps für eine gelungene Präsentation

Folgende Faktoren beeinflussen die Wirksamkeit:

- Rahmen
- Umfeld
- Anwendung
- AnwenderInnen

5.7.1 Brainstorming („Gedankensturm")

Brainstorming wurde in den 1950er Jahren in den USA von **Alexander Osborn** erfunden und von **Charles Hutchison Clark** weiterentwickelt. Es ist *der* Klassiker unter den Kreativitäts-Methoden und eignet sich vor allem zur produktiven Ideenfindung in der Gruppe.

Brainstorming ist konstruktiv

Im Gegensatz zum üblichen, von negativer Kritik bestimmtem Diskussions-Verhalten werden Brainstorming-TeilnehmerInnen dazu angehalten, an die von anderen geäußerten Ideen anzuknüpfen. Dabei ist jede Idee, gleichgültig wie verrückt sie auch klingen mag, willkommen. Was zählt, ist die Menge an Ideen, nicht die Qualität. Killerphrasen, Kritik und auch (Selbst-)Zensur sind streng verboten.

Methodische Vorteile:

- großer Wissens-Pool (alle TeilnehmerInnen steuern Ideen bei)
- Ideen-Vielfalt
- weitgehende Ausschaltung denkpsychologischer Blockaden
- demokratisiertes Kommunikations-Verhalten
- Vermeidung unnötiger Diskussionen

Modul // Selbstmarketing

5 „Ihr Auftritt bitte" – Tipps für eine gelungene Präsentation

Brainstorming-Regeln

Regel 1:   Ideen-Findung (Phase 1) und Bewertung (Phase 2) trennen
Regel 2:   Es gibt kein geistiges Eigentum
Regel 3:   Kritik ist verboten
Regel 4:   Quantität geht vor Qualität

Hilfreich sind weiters folgende Verhaltens-Regeln:

- alle Ideen sind erlaubt
- der Phantasie freien Lauf lassen
- je kühner/phantasievoller, desto besser
- keine Killer-Phrasen (wie z. B.: „Das geht ja nie!")
- formalen (vereinbarten) Rahmen einhalten

Vorgangsweise Schritt für Schritt:

1) Vorhaben (Frage/Anliegen/Aufgabe/Problem) definieren
2) Ideen entwickeln/sammeln/finden
3) Vorschläge strukturieren/organisieren/bewerten/optimieren
4) Lösungs-Ansätze orten/realisieren/implementieren

Aufgaben des/der Moderators/in oder Leiters/in:

- Regeln vorstellen und auf Einhaltung achten
- Gruppe motivieren, stimulieren und ermutigen
- unsichere oder zögernde TeilnehmerInnen unterstützen
- darauf achten, dass alle zu Wort kommen
- verhindern, dass sich TeilnehmerInnen schon zu Beginn in Details verlieren
- bei festgefahrenen Situationen, „Knoten" lösen (z. B. durch Perspektiven-Wechsel, Umformulierung, Einbringen neuer Zusammenhänge …)
- zwischendurch immer wieder zusammenfassen und ans Ziel erinnern

Modul // Selbstmarketing

5 „Ihr Auftritt bitte" – Tipps für eine gelungene Präsentation

Phase 2: Brainstorming-Folgeschritte

Zunächst werden die Ideen geordnet und protokolliert. Dann gilt es, möglichst wertfreie Beurteilungs-Kriterien (Originalität, Realisierbarkeit und Wirksamkeit ...) festzulegen. Nun geht es daran, die gesammelten Ideen anhand der Indikatoren auszuwerten. Das kann entweder im Kreis der Brainstorming-TeilnehmerInnen oder – noch besser – in einer anderen Gruppe (z. B. einer ExpertInnen-Runde) geschehen.

Mögliche Brainstorming-Stolpersteine

- mangelhafte Einführung ins Thema
- mangelhaftes Hinterfragen der Sach-Zusammenhänge
- fehlende/unklare Ziel-Formulierung
- unzureichende Vorbereitung oder Reiz-Frage-Technik des/der Moderators/in
- mangelnde Kommunikations-Fähigkeit der TeinehmerInnen
- TeinehmerInnen filtern eigene Ideen, äußern nur vernünftige bzw. abgesicherte Ideen
- fehlender Mut zu phantasievollem Denken
- Neigung zu Fach-Diskussionen
- Dominanz anwesender ExpertInnen oder Vorgesetzter
- fehlende kreative Energie, interessante Details herauszuarbeiten (▶ Brainstorming bleibt an der Oberfläche)
- zu wenig anschaulich, fehlende Visualisierungen
- mangelnde Fähigkeit, Symboliken aufzugreifen
- zu frühe Vor-Strukturierung des/der Protokollführers/in
- zu früher Abbruch

Modul // Selbstmarketing

5 „Ihr Auftritt bitte" – Tipps für eine gelungene Präsentation

5.7.2 Mind Mapping

Die Methode wurde in den 1970-er Jahren vom englischen Gehirn-Forscher **Tony Buzan** entwickelt. Sie arbeitet mit Schlüssel-Wörtern und hilft vor allem beim Strukturieren komplexer Themen.

Mind Maps aktivieren als **„Gedanken- oder Gehirn-Landkarten"** beide Gehirn-Hälften gleichermaßen und fördern dadurch kreative Prozesse. Vereinfacht gesprochen, sitzen in der **linken Gehirnhälfte** Sprache, Logik, Analyse-Fähigkeit oder das Erfassen von Details. Hingegen sind bildliche Vorstellungskraft, die Fähigkeit, sich einen Überblick zu verschaffen oder Erlebtem einen Gefühlswert zuzuordnen, in der **rechten Gehirnhälfte** angesiedelt. (Bei LinkshänderInnen verhält es sich umgekehrt).

Mind Maps:

- basieren auf Erkenntnissen moderner Hirnforschung über die Aufgabenteilung zwischen den Gehirn-Hälften
- verknüpfen sprachliches mit bildhaftem Denken
- aktivieren beide Gehirn-Hälften über Schlüssel-Bilder
- stellen ein Thema bildhaft dar
- strukturieren komplexe Zusammenhänge und schaffen Übersicht
- regen die Kreativität an
- liefern über Assoziationen Lösungs-Ansätze
- bleiben nachhaltig im Gedächtnis haften

Mögliche Einsatz-Gebiete:

- Prozess-Planung (z. B. im Hinblick auf ihre Selbstmarketing-Vorhaben)
- Produkt-Entwicklung
- etc.

Modul // Selbstmarketing

5 „Ihr Auftritt bitte" – Tipps für eine gelungene Präsentation

Mind Map-Struktur und Vorgangsweise:

- Thema in die Mitte eines möglichst großen Papierbogens schreiben
- mit einem Kästchen oder Kreis umschließen
- ausgehend davon nach und nach Verästelungen bilden, die das Thema in einzelne Bereiche (Haupt-Aspekte) gliedern und entstehende Assoziationen in Form von aussagekräftigen Stichworten zuordnen
- von den Haupt-Aspekten wiederum Zweige zur Konkretisierung von Teil-Aspekten bilden
- Haupt-Aspekte (ggf. auch Teil-Aspekte) mit passenden Bildern oder Symbolen versehen

Mind-Map-Beispiel

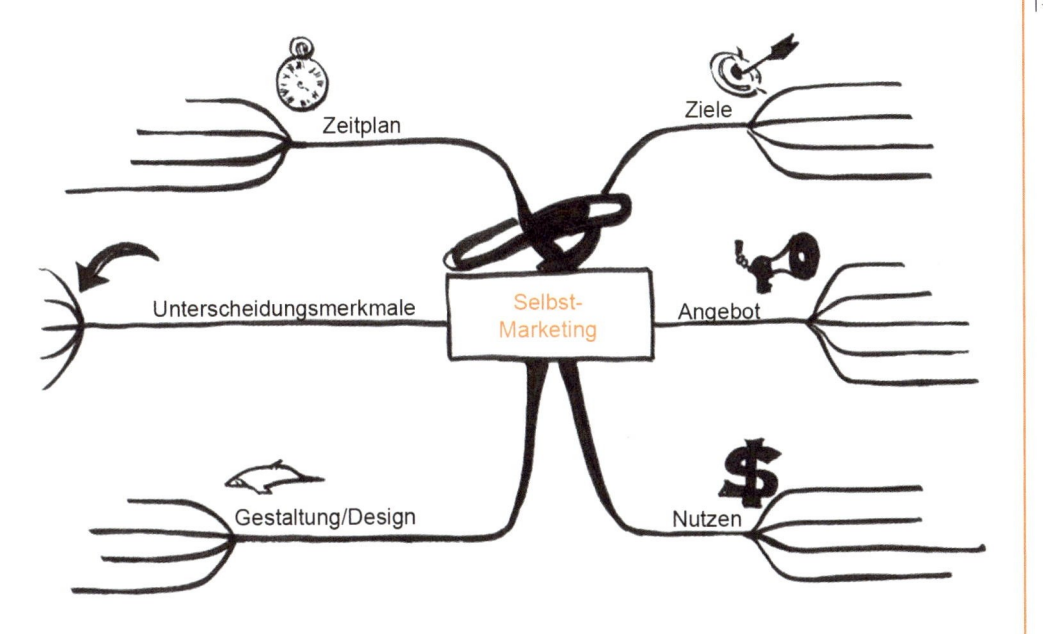

Modul // Selbstmarketing

5 „Ihr Auftritt bitte" – Tipps für eine gelungene Präsentation

5.8 Nutzen stiften

Der Erfolg einer Präsentation oder Rede hängt in erster Linie davon ab, ob die Inhalte für die Zielgruppe von Nutzen sind. "Nice to hear" oder wirklich nützlich? Dafür hat Ihr Publikum feine Antennen. Fragen Sie sich deshalb, *bevor* Sie Ihren Vortrag oder Ihre Präsentation erstellen:

- Was haben die ZuhörerInnen von meinem Vortrag/meiner Präsentation?
- Welchen Nutzen können sie aus den Inhalten ziehen?
- Was wissen/können sie nachher besser?

Nutzen-Argumente finden

Das gelingt am besten, indem Sie Bedürfnisse ansprechen. Das Eisberg-Modell aus dem Modul Kommunikation und die weiter vorne vorgestellte Maslow'sche Bedürfnis-Pyramide, können Sie dabei unterstützen.

Zum einen ist – wie bei einem Eisberg – nur 1/7 unserer Entscheidungen offensichtlich. Der weitaus größere Anteil (6/7) ist vom „Bauch(-Gefühl)" und damit emotional bestimmt. Ausschlaggebend sind unsere 4 Grund-Bedürfnisse (im Englischen wieder einmal „4 Ps", nicht zu verwechseln mit den „4 Ps" aus dem Marketing-Mix):

- **P ride** ▶ Image, Lob, Anerkennung …
- **P rofit** ▶ Karriere, Geld, Gewinn …
- **P leasure** ▶ Spaß, Freude, Familie …
- **P eace** ▶ Ruhe, Bequemlichkeit, Sicherheit …

Modul // Selbstmarketing

5 „Ihr Auftritt bitte" – Tipps für eine gelungene Präsentation

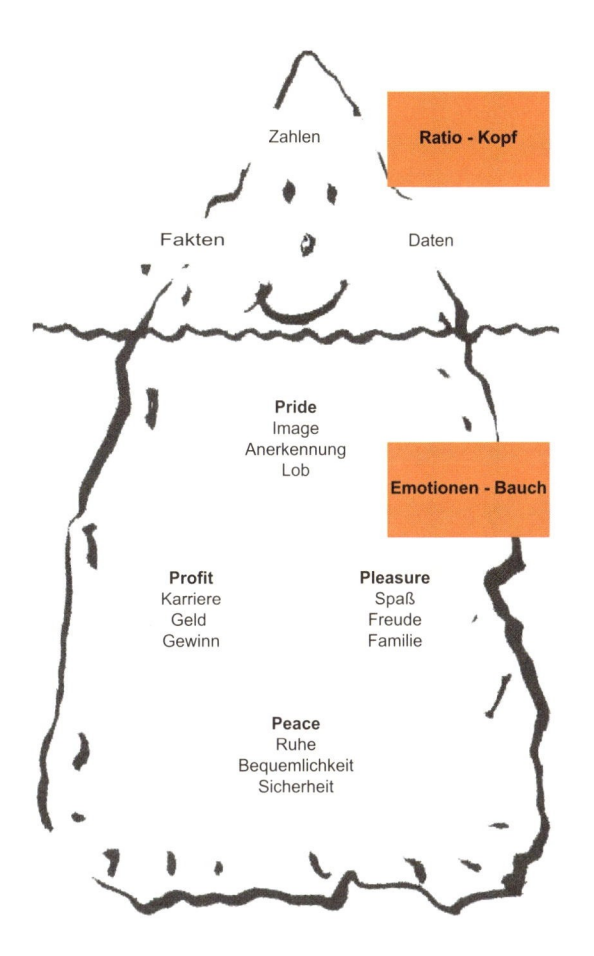

Zahlen
Ratio - Kopf
Fakten Daten

Pride
Image
Anerkennung
Lob

Emotionen - Bauch

Profit **Pleasure**
Karriere Spaß
Geld Freude
Gewinn Familie

Peace
Ruhe
Bequemlichkeit
Sicherheit

Fragen Sie sich also beispielsweise:

- Kann ich meinem Publikum/Gegenüber mit den von mir präsentierten Inhalten finanzielle Vorteile oder einen sonstigen Gewinn verschaffen?
- Welche meiner präsentierten Inhalte bedeuten für mein Publikum oder Gegenüber mehr Sicherheit oder Bequemlichkeit?
- Kann ich meinem Publikum z. B. später die Arbeit erleichtern?
- Kann ich mit den von mir präsentierten Inhalten zu einem Image-Gewinn meines Gegenübers beitragen?

Modul // Selbstmarketing

5 „Ihr Auftritt bitte" – Tipps für eine gelungene Präsentation

5.9 Argumentations-Dramaturgie entwickeln

Sie kennen das aus der Literatur oder vom Theater: Jeder Roman, jedes Stück (einige ganz moderne vielleicht ausgenommen) folgt einer bestimmten Dramaturgie. Die Story strebt ihrem Höhepunkt zu. Jede Szene bereitet auf die nächste vor.

Für Präsentationen und Vorträge bedeutet das:

- Ziel(e) definieren
- Inhalte/Argumente auf das Ziel abstimmen
- Reihenfolge der Argumente überlegen und damit Spannung aufbauen
- entsprechende Gliederung erstellen

5.10 Lampenfieber positiv nutzen

Kennen Sie das: Stotter-Stimme, zittrige Knie, Blackout, Angst, Herzrasen, Schweißausbrüche oder Schlaflosigkeit vor dem großen Auftritt? Lampenfieber wirkt sich bei jedem anders aus.

Der positive Effekt: Lampenfieber wirkt wie ein Aufputschmittel, denn die „Steuerzentrale" im Gehirn gibt den Befehl, vermehrt Adrenalin auszuschütten. Mit dem Zweck, alle Kräfte zu mobilisieren, um den Redner/die Rednerin in einen hellwachen Zustand höchster Konzentration zu versetzen.

Halten Sie sich vor Augen: Lampenfieber vor einem Auftritt ist ganz normal. Schließlich geht es um etwas. Sehen Sie Lampenfieber positiv und nutzen Sie es. Denn es kann ein Motor sein, mögliche Lücken zu schließen. Folgende Fragen können hier hilfreich sein:

- Bin ich ausreichend vorbereitet?
- Was brauche ich noch?
- Was sind mögliche Einwände?

Modul // Selbstmarketing

5 „Ihr Auftritt bitte" – Tipps für eine gelungene Präsentation

- Wie kann ich darauf reagieren?
- etc.

„Milderungsgründe" für Lampenfieber

- Atemübungen
- autogenes Training
- positive Einstellung
- Fehler tolerieren können
- Präsentationen üben
- Präsentations-Erfahrung sammeln
- Selbstwertgefühl aufbauen (Stärken kennen)
- nur reden wenn ich der Aufgabe/dem Thema gewachsen bin

5.10.1 Lampenfieber – Erste Hilfe-Tipps

Bewusst und lange *AUS*atmen und damit dem natürlichen Panik-Reflex „Luft anhalten", der den Körper lähmt und die Stimme presst, entgegen wirken.

Faust ballen und loslassen und dabei Spannung halten, bis es ein wenig schmerzt. Dann loslassen und die Entspannung genießen. Das funktioniert auch mit anderen Muskeln. Achtung: *Nicht* auf Brust- oder Bauchraum anwenden, das wäre kontraproduktiv.

Körperliche Bewegung bringt auch „festgefahrene Gedanken" (Black-Out) in Schwung. Schon kleine Veränderungen – wie z. B. Beine andersrum übereinander schlagen – helfen.

Initiative ergreifen statt still abzuwarten, denn das verkrampft. Also, am besten gleich als Erste/r zu Wort melden.

Modul // Selbstmarketing

5 „Ihr Auftritt bitte" – Tipps für eine gelungene Präsentation

Gähnen mit offenem Mund (bitte nicht offensichtlich) beruhigt, und bringt Atmung und Zwerchfell in eine gute Grundspannung.

Positive Anker setzen indem Sie sich detailreich und für alle Sinnes-Kanäle vorstellen, wie es optimal läuft (▶ Wie ist der ideale Raum, das ideale Publikum …?)

Positive Assoziationen zum Anlass schaffen z. B. indem Sie sich vorstellen, Sie haben einen Magneten im Bauch, der nur Positives anzieht.
Autosuggestion z. B. „Ich freue mich auf den Auftritt"

5.11 Wirkungsvoll inszenieren mit der AIDA-Formel

Nehmen Sie einen Werbespot unter die Lupe. Vermutlich stellen Sie fest, dass er dem AIDA-Prinzip gehorcht. Die AIDA-Formel eignet sich gut als Regie-Konzept. Mit ihrer Hilfe lässt sich Ihr Auftritt wirkungsvoll inszenieren. Nutzen auch Sie AIDA als Grundlage für den dramaturgischen Aufbau Ihrer Präsentation!

A ttention   ▶ Aufmerksamkeit erzeugen

I nterest   ▶ Interesse wecken

D esire   ▶ Wünsche wecken

A ction   ▶ zum Handeln bewegen

ÜBUNG: AIDA-Formel anwenden

Erstellen Sie eine kurze Selbst-Präsentation (maximal 5 Minuten lang) anhand der Eckpfeiler der AIDA-Formel.

- Überlegen Sie einen interessanten Einstieg, der die Aufmerksamkeit Ihres Publikums sicherstellt.

Modul // Selbstmarketing

5 „Ihr Auftritt bitte" – Tipps für eine gelungene Präsentation

- Wecken Sie dann das Interesse, z. B. indem Sie sich am Nutzen für Ihr Publikum orientieren.
- Wecken Sie dann Wünsche, z. B. am Nutzen teilzuhaben.
- Schließen Sie mit einer motivierenden oder aktionsauslösenden Aufforderung ans Publikum.

5.12 Authentisch vortragen

Punkten Sie mit Authentizität (persönlichem Stil) und bringen Sie Ihre Persönlichkeit optimal in Ihren Vortrag ein. Geben Sie sich möglichst ungekünstelt und pflegen Sie – mit Augenmerk auf Publikum und Anlass – Ihren persönlichen (Rede-)Stil. Kleine Eigenheiten wie Wortspiele, Phrasen oder auch leichte Dialektfärbung sind erlaubt.

5.13 Körpersprache gekonnt einsetzen

Vorweg: Wie schon im Modul Kommunikation ausführlicher behandelt, lässt sich Körpersprache nur sehr begrenzt steuern. Sie zu verändern, erfordert Training und vor allem Reflexionsvermögen im Sinne bewusster Auseinandersetzung mit den Signalen, die wir in bestimmten Situationen senden. Erst wenn wir verstehen, warum wir in bestimmten Situationen nonverbal so oder so reagieren, können wir unsere Einstellung oder Haltung und in Folge auch unsere Körpersprachen verändern.

Überzeugende Körpersprache für Ihren Auftritt

Füße ▶ Stand
Gewicht gleichmäßig auf beide Beine legen, angemessenen Abstand zum Gegenüber halten. In Gespräch-Situationen ist ein Winkel von 60 Grad ideal.

Beine ▶ Haltung
Knie leicht anwinkeln, aufrecht stehen.

Modul // Selbstmarketing

5 „Ihr Auftritt bitte" – Tipps für eine gelungene Präsentation

Oberkörper/Schultern ▶ Resonanzboden
Aufrechte, entspannte Haltung einnehmen, auf Bauchatmung achten

Arme ▶ der Motor der Botschaft
Locker seitlich am Körper halten bzw. Aussagen positiv unterstreichen, keine Entschuldigungs-Gesten machen.

Hände ▶ Akzente
Offen, in Hüfthöhe (neutral), ggf. eher nach oben halten, das wirkt aktiver

Gesicht ▶ Überzeugung
Lächeln!

Augen ▶ Begeisterung
Lassen Sie Ihre Augen funkeln und sehen Sie den Menschen in die Augen.

5.13.1 Mit Stimme und Sprechtechnik Stimmung machen

So ungerecht das erscheinen mag: Der Erfolg Ihres Vortrags hängt großteils davon ab, ob Sie stimmlich gut rüberkommen. Wer seine Stimme mit der Zeit wie ein „Instrument" beherrschen will, muss üben und vor allem richtig atmen. Nicht in den Brustkorb, nicht so, dass sich nur die Schultern heben, sondern in den Bauch. Denn nur Bauch-Atmung nutzt die gesamte Atem-Kapazität.

Richtige Atmung:

- ist wichtig für eine kräftige, überzeugende Stimme
- mildert – als positiver Neben-Effekt – auch Lampenfieber

In diesem Sinne bedeutet Sprechen „langsames, klingendes Ausatmen". Weil man nur mit genügend Luft in den Lungen einen Gedanken in einem (Luft)zug aussprechen bzw. Luft holen kann, wo Sprechpausen sinnvoll sind.

Modul // Selbstmarketing

5 „Ihr Auftritt bitte" – Tipps für eine gelungene Präsentation

Der Körper führt, die Stimme folgt!

Stimme und Persönlichkeit sind eng miteinander verbunden. Ihr Publikum hört, ob Sie glücklich, traurig, überzeugt, begeistert, teilnahmslos, hektisch … sind. Das können Sie sich in positivem Sinn für Ihr Thema zunutze machen:

- weiche Bewegungen ▶ weiche Stimme
- markante Bewegungen ▶ markante Stimme

Sprech-Technik umfasst folgende Haupt-Aspekte:

- Artikulation
- Lautstärke
- Sprechtempo
- Sprechpausen

Ein No Go ist Monotonie. Stellen Sie sich einen Sänger/eine Sängerin vor, die/der 15 Minuten lang den gleichen Ton singt. Ohne Rhythmuswechsel! Unerträglich, oder? Modifizieren Sie deshalb in punkto Lautstärke, Tonhöhe, Tempo oder Betonung. So hört Ihr Publikum gerne zu.

Artikulation:

- häufige Artikulations-Schwächen: Endsilben verschlucken, Stimme quetschen, pressen, „in den Bart nuscheln"
- am besten, Stimme aufnehmen (Diktiergerät, Recorder)
- prüfen, ob Artikulation klar und deutlich ist (üben, falls nicht)
- wenn's am Tempo liegt, etwas langsamer sprechen

Modul // Selbstmarketing

5 „Ihr Auftritt bitte" – Tipps für eine gelungene Präsentation

Lautstärke:

- einen allgemeingültigen Pegel gibt es nicht
- abhängig von Thema, Publikum und Rahmen
- modifizieren und variieren bringt Dynamik

Sprechtempo:

- auf jeden Fall variieren
- nicht zu schnell (wirkt nervös, strapaziert Aufnahmefähigkeit des Publikums)
- nicht zu langsam (wirkt langweilig)
- je wichtiger ein Gedanke, desto langsamer
- mit Tempo-Verzögerungen Spannung erhöhen
- ideales Tempo: 100 – 130 Wörter pro Minute

Sprechpausen:

- helfen, die nötige Ruhe (wieder) herzustellen
- schaffen Ausgleich bei hektischem Tempo
- sind ein rhetorisches „Wirkungs-Mittel"
- drücken Interpunktionen (Beistrich, Punkt, Gedankenstrich ...) aus
- verdeutlichen die inhaltliche Gliederung
- erzielen dramaturgische Effekte
- bereiten auf „Höhepunkte" vor
- geben RednerInnen Zeit, den nächsten Gedanken zu formulieren
- lassen dem Publikum Zeit, Gesagtes zu verarbeiten
- gewähren Zeit für Blick-Kontakt zum Publikum

Modul // Selbstmarketing

5 „Ihr Auftritt bitte" – Tipps für eine gelungene Präsentation

ÜBUNGEN zur Verbesserung der Sprech-Technik:

Laut lesen:

- am besten Zeitungs- oder Zeitschriften-Artikel
- auf Aussprache, Tempo, Lautstärke und Betonung achten

Texte kodieren:

- am besten mit Markern in unterschiedlichen Farben anstreichen:
  ▶ wo Sie lauter oder leiser sprechen wollen
  ▶ wo Sie Pausen machen wollen
  ▶ wo Sie Wörter betonen wollen

Schnellsprechsätze mehrmals hintereinander lesen:

- z. B. „Fischers Fritz fischt frische Fische, frische Fische fischt Fischers Fritz."

Korken-Übung:

- Korken zwischen die Zähne nehmen und laut lesen
  ▶ verhilft zu deutlicherer Aussprache
  ▶ reduziert das Quetschen

5.13.2 Ausdrucksvoll sicher und verständlich sprechen

Tipps:

- kurze Sätze bilden
- keine Schachtelsätze
- Einschübe meiden
- Fachbegriffe vor Laien meiden oder zumindest erklären

Modul // Selbstmarketing

5 „Ihr Auftritt bitte" – Tipps für eine gelungene Präsentation

- Fremdwörter sparsam verwenden
- Modewörter und Schlagwörter meiden
- Konjunktiv (Möglichkeitsform) meiden
- möglichst aktiv formulieren
- Füllwörter meiden (äh, sozusagen, eigentlich …)
- Vergleiche/Beispiele bringen
- möglichst Verben statt Hauptwörter verwenden (z. B. statt: „Wir müssen die Beendigung der Fehlerproduktion sicherstellen" ▶ „Wir müssen endlich aufhören, Fehler zu produzieren", noch besser, da aktiv formuliert ▶ „Lasst uns Fehler stoppen!"
- keinen ausgeprägten Dialekt

5.13.3 Mit Blickkontakt Beziehung aufbauen

Blick-Kontakt schlägt die Brücke zum Publikum – über Blick-Kontakt:

- fühlen sich ZuhörerInnen angesprochen
- demonstrieren Sie Sicherheit
- verstärken Sie die Aufmerksamkeit
- unterstreichen Sie verbale Äußerungen
- nehmen Sie wahr, ob Aussagen ankommen bzw. verstanden wurden
- erfahren Sie, ob Tempo, Lautstärke … passen

Über Blick-Kontakt Beziehung zum Publikum aufbauen – so funktioniert's:

- Blick zuerst übers Publikum schweifen lassen
- möglichst alle ZuhörerInnen einbeziehen
- dann immer wieder kurzen Blick-Kontakt (3-5 sec.) zu einzelnen, wechselnden Gruppen von ZuhörerInnen herstellen
- Blick-Kontakt zu Meinungs-FührerInnen ggf. länger halten
- niemanden bevorzugen
- niemanden fixieren

Modul // Selbstmarketing

5 „Ihr Auftritt bitte" – Tipps für eine gelungene Präsentation

- bei Präsentationen mit Manuskript, immer wieder ins Publikum schauen
- falls möglich 2-3 m Abstand zur ersten Reihe lassen

5.13.4 Mit Gesten unterstreichen

Immer die gleichen Gesten wirken langweilig und einfallslos. Für stimmige Gesten zunächst Arme und Hände in eine gute Ausgangs-Position bringen. Falls es schwer fällt, die Hände „frei sprechen" zu lassen, folgende Tipps:

- Hände beim Sprechen locker ineinander legen (nicht „beten")
- Hände ggf. am Redner-Pult abstützen (darf nicht bedrohlich wirken!)
- Manuskript oder Stichwortkarten ruhig und locker halten
- Hände nicht in die Taschen stecken
- Hände nicht hinter dem Rücken verstecken (wirkt bestenfalls schüchtern oder so, als ob man etwas zu verbergen hätte)

5.14 Medien und Mittel richtig einsetzen

Das wichtigste Medium sind Sie!

Medien und Mittel sind dazu da, Sie bei Vorträgen oder Präsentationen zu unterstützen. Im Hinblick auf die Inhalte und in Bezug aufs Publikum. Denn „Multi-Media" wohl dosiert macht Ihre Präsentation lebendig und sorgt dafür, dass sich Zuhörer/innen später besser an Ihre Präsentation erinnern. Grundsätzlich gilt: Je mehr Sinnes-Kanäle angesprochen werden, desto größer die Merkfähigkeit.

Modul // Selbstmarketing

5 „Ihr Auftritt bitte" – Tipps für eine gelungene Präsentation

Möglichst Angebote, die für alle Sinne machen!

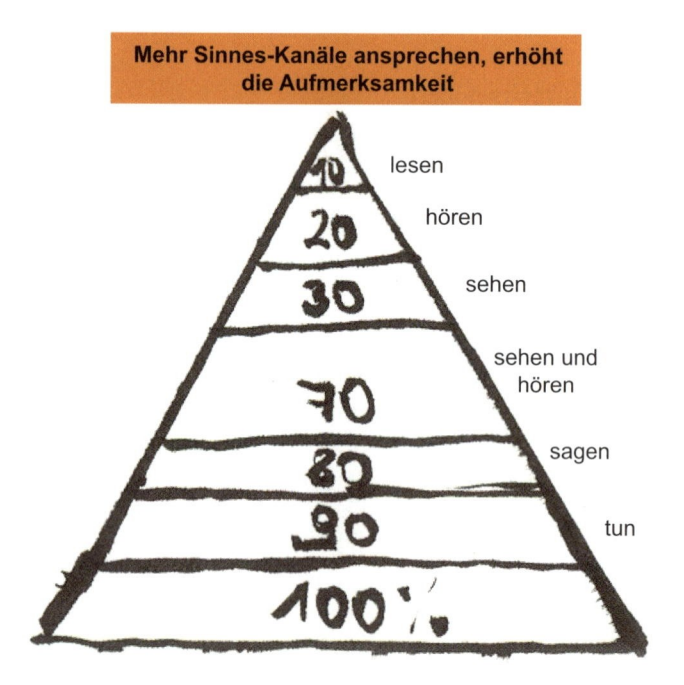

Mehr Sinnes-Kanäle ansprechen, erhöht die Aufmerksamkeit

- 10 lesen
- 20 hören
- 30 sehen
- 70 sehen und hören
- 80 sagen
- 90 tun
- 100 %

Wie die Grafik zeigt, behalten wir etwas, das wir nur „lesen" zu ca. 10 % in Erinnerung. Bei einer Kombination von „sehen und hören" sind es schon ca. 70 %. Am besten behalten wir, was wir selber tun. Bauen Sie deshalb – wo immer das möglich ist – aktive Publikums-Sequenzen ein.

Die gebräuchlichsten Medien für multimediale Präsentationen:

- Flip-Chart
- Laptop (PowerPoint) & Beamer
- Overhead

Modul // Selbstmarketing

5 „Ihr Auftritt bitte" – Tipps für eine gelungene Präsentation

Umsichtige Vorbereitung gibt Sicherheit – deshalb vorab klären:

- Welche Medien (Flipchart, Laptop, Beamer, Video, Overhead …) brauche ich?
- Welche Hilfsmittel (Flipchart-Bögen, Stifte, Unterlagen, Anschauungs-Material …) brauche ich?
- Was passt zum Thema/Rahmen/Publikum?
- Sind Abdunkelungs-Möglichkeiten vorhanden?
- Wo sind die Strom-Anschlüsse?
- Brauche ich Verlängerungs-Kabel?
- Was brauche ich an Ersatz-Material?
- Was ist mein „Plan B" bei technischen Pannen?

5.14.1 Flipchart richtig nutzen

Tipps:

- Visualisierung als „roten Faden" für Ausführungen nutzen
- in Stichworten schreiben
- auf leserliche Schrift achten
- Groß- und Kleinbuchstaben verwenden
- Grafiken oder Tabellen von links nach rechts beschriften (nicht von unten nach oben)
- empfehlenswerte Farben: rot, schwarz, blau, grün
- nur Visualisierungen ins Blickfeld rücken, die gerade Thema sind (sonst besteht Ablenkungs-Gefahr)
- ggf. als Gedächtnisstütze (fürs Publikum nicht erkennbar) Bleistift-Notizen am Blattrand machen
- darauf achten, dass alle TeilnehmerInnen freie Sicht auf die Visualisierungen haben
- beim Erklären den TeilnehmerInnen (nicht der Darstellung!) zuwenden

Modul // Selbstmarketing

5 „Ihr Auftritt bitte" – Tipps für eine gelungene Präsentation

- beim Erläutern neben dem Flipchart stehen und mit der dem Medium zugewandten Hand zeigen

Nutzen Sie das Flipchart zur groben Gliederung. Ihre ZuhörerInnen sollen nicht alles ablesen können, sonst konzentrieren sie sich nicht mehr aufs Gesagte.

5.14.2 PowerPoint gekonnt einsetzen

Tipps:

- Folien übersichtlich gestalten, nicht überladen
- kurze Sätze formulieren (▶ Schlagwort-Charakter)
- mit Überschriften Neugier wecken
- mit Kern-Aussagen Akzente setzen
- Ordnung & Struktur sichtbar machen (▶ Aufzählungen, Abstände)
- mit Hervorhebungen (fett, kursiv ...) sparsam umgehen
- Wahrnehmungs-Gesetzmäßigkeit „Bild schlägt Wort" beachten
- Vorzugsweise dunkle Schrift auf hellem Grund verwenden (leichter lesbar)
- klare Typo, vorzugsweise ohne Serifen (= „Füßchen") einsetzen, da dies bei elektronischen Medien leichter lesbar ist
- auf ausreichend große Schrift achten (Fließ-Text: 24 Pkt., Überschriften: 30 Pkt. empfohlen)
- maximal 2 Schrift-Arten/-Größen verwenden
- optische und akustische Effekte sparsam einsetzen
- ggf. Corporate Design beachten
- wenn Sie Folien auch als Handout verwenden ▶ für diesen Zweck adaptieren

Setzen Sie PowerPoint sinnvoll (Grafiken, Diagramme, Bilder) ein. Vermeiden Sie ein „Animations- oder Farb-Feuerwerk". Denn das lenkt Ihr Publikum vom Wesentlichen ab.

Modul // Selbstmarketing

5 „Ihr Auftritt bitte" – Tipps für eine gelungene Präsentation

5.14.3 Mit dem Beamer richtig umgehen

Tipps:

- im Vorfeld den Umgang mit der Technik üben
- Folien-Qualität, Geräte, Umfeld (Lichtverhältnisse, Sicht zur Leinwand …) checken
- zum Publikum statt zur Leinwand sprechen
- Folien kommentieren, statt vorlesen
- Folien bzw. Folien-Wechsel jeweils kurz ankündigen
- bei komplexen Themen oder Darstellungen ggf. Part für Part einblenden
- bei Zwischenfragen oder vertiefenden Infos auf „Schwarzbild" oder „Weißbild" schalten (▶ Kurzbefehl: b-Taste bzw. w-Taste)
- Folienfreie Zonen schaffen und Aufmerksamkeit auf RednerIn lenken
- Total-Verdunkelung meiden (macht Publikum müde)
- nicht vergessen: Lesen kann Ihr Publikum selbst!
- Ausfall der Technik einkalkulieren (im Notfall muss es auch ohne gehen)

5.15 Grafiken und Visualisierungen nutzen

Visualisieren bedeutet, Informationen oder Gedanken bildhaft vermitteln. In der Menschheitsgeschichte hat das eine lange Tradition. Denken Sie an die Höhlenmalerei. Die ältesten Darstellungen gab es schon vor ca. 30.000 Jahren. Außerdem sind wir Menschen „Augentiere" – das bedeutet, dass wir vorwiegend über die Augen wahrnehmen.

Ein Bild sagt mehr als tausend Worte

Diesen Grundsatz kennen Sie schon aus dem Modul Kommunikation im Zusammenhang mit der Wirkung von Körpersprache. Er trifft auch für Visualisierungen zu. Denn über Visualisierungen (Grafiken, Tabellen, Diagramme, Folien …) lassen sich komplexe Inhalte besser veranschaulichen, zentrale Aussagen hervorheben,

Modul // Selbstmarketing

5 „Ihr Auftritt bitte" – Tipps für eine gelungene Präsentation

wichtige Aussagen besser im Gedächtnis des Publikums verankern, Zusammenhänge verdeutlichen und Erklärungen verkürzen. Fragen Sie sich jedoch grundsätzlich vorab:

Was will ich darstellen? ▶ Inhalt
Wozu soll die Darstellung dienen? ▶ Ziel
Wen will ich erreichen? ▶ Zielgruppe

Vorteile von Visualisierungen:

- BetrachterInnen werden einbezogen
- ZuhörerInnen konzentrieren sich aufs Wesentliche
- geben Orientierungshilfe
- schaffen mehr Übersichtlichkeit
- ergänzen/vertiefen das Gesagte
- erhöhen die Merkfähigkeit
- ermuntern das Publikum zu Stellungnahmen

Text

Unter dem Gestaltungselement Text verstehen wir ganz einfach das geschriebene Wort...in all seinen Ausprägungen.

Freie Grafiken und Symbole

Grafiken und Symbole erhöhen die Merkfähigkeit von Texten

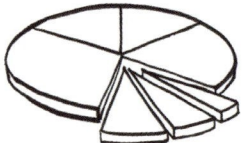

Diagramme

Diagramme dienen häufig zur einfachen Darstellung von komplexen Sachverhalten

Modul // Selbstmarketing

5 „Ihr Auftritt bitte" – Tipps für eine gelungene Präsentation

Visualisieren Sie sinnvoll. Grafiken als lediglich „schmückendes Beiwerk" sind kontraproduktiv.

5.15.1 Diagramme sinnvoll einsetzen

Diagramm-Typen und ihre Eignung

- Liste und Tabelle ▶ Systematische Aufzählungen (z. B. Inventar-Listen …)
- Stab- oder Säulen-Diagramm ▶ Vergleiche (z. B. Umsatz-Vergleiche)
- Kurven-Diagramm ▶ Entwicklungen, Veränderungen (z. B. Wachstumsraten)
- Kreis- oder Torten-Diagramm ▶ Teile eines Ganzen (z. B. anteilige Kosten)
- Organigramm oder Organisations-Diagramm ▶ Abläufe, Hierarchien (z. B. Firmen-Struktur)

Tipps:

- vorzugsweise 2-dimensionale Darstellungen verwenden, da übersichtlicher (z. B. ▶ Stab- statt Säulen-Diagramm)
- Zahlen-Angaben und Beschriftungen lieber doppelt kontrollieren
- Zahlen runden
- Diagramme nicht überfrachten
- grafische Aspekte (Farbe, Typo, Text …) beachten
- ggf. Quellen-Angaben

5.16 Mit Stichwortkarten umgehen

Überzeugend reden heißt frei reden. Das bedeutet aber nicht, dass Sie vollkommen aus dem Gedächtnis vortragen müssen. Stichwortkarten als Gedächtnisstütze geben Struktur und Sicherheit. Sie ermöglichen – falls erforderlich – auch große Gesten und geben den Händen trotzdem „Halt". Wichtig ist, dass Sie nicht zu lange ablesen, sondern Blickkontakt zu den ZuhörerInnen halten.

Modul // Selbstmarketing

5 „Ihr Auftritt bitte" – Tipps für eine gelungene Präsentation

Stichwortkarten „mit Methode" nutzen

Signalwort-Methode:

- nur zentrale Wörter notieren
- Nachteil: Sie geraten ins Stocken, wenn der Kontext fehlt

Schlüsselsatz-Methode:

- Schlüsselsatz komplett notieren
- Nachteil: Sie müssen länger auf die Karte schauen

Kombination von Signalwort- und Schlüsselsatz-Methode:

- jeweils am Anfang eines Abschnittes mit Schlüssel-Sätzen arbeiten
- dann mit Signalwörtern fortsetzen

Richtiger Umgang mit Stichwortkarten:

- anhand der Gliederung die wichtigsten Stichworte auf Karteikarten (vorzugsweise DIN-A6-Format) schreiben
- nur einseitig beschreiben
- pro Gedanke nur eine Karte
- ggf. zentrale Stichworte farblich hervorheben
- Karten auf Stapel zur Seite legen
- Probe-Durchgang starten
- möglichst nur einen kurzen Blick auf die Karte werfen, anschließend frei sprechen, mit Blickkontakt zum Publikum
- hängenbleiben ist ein Zeichen, dass ein wichtiges Stichwort fehlt (z. B.: ▶ Tabelle zeigen, Anekdote xy erzählen …)
- fehlende Stichwort-Karten ergänzen
- Karten nummerieren, für den Fall, dass sie runterfallen

Modul // Selbstmarketing

5 „Ihr Auftritt bitte" – Tipps für eine gelungene Präsentation

5.17 Mit schriftlichen Unterlagen Eindruck machen

Wie und *was* Sie zu Papier bringen, wirkt sich auf Ihr Image aus. Das gilt besonders im beruflichen Zusammenhang. Halten Sie sich deshalb vor Augen: Unvollständige, unübersichtliche, fehlerhafte oder schlampige Unterlagen verleiten vermutlich zu Rückschlüssen auf Ihre Persönlichkeit und Arbeitsweise.

Überlegen Sie generell, welche Informationen Sie in welcher Form festhalten und weitergeben. Denn das Gestalten von Texten ist sehr zeitaufwändig. Manchmal wird eine E-Mail effizienter sein. Entscheidend ist, dass Sie – je nach Zweck und Ziel – einen Mittelweg finden und Berichte, die Zeit kosten und weder Ihnen noch Vorgesetzten oder KollegInnen etwas bringen, vermeiden.

Tipps:

- Wert auf Inhalt, Formulierung und Gestaltung legen
- Lesefreundlichkeit beachten
- klare, verständliche, möglichst aktive Formulierungen verwenden
- ggf. grafische Unternehmens-Vorgaben (Layouts) berücksichtigen
- Textbausteine, Dokumentvorlagen und Makros nutzen
- keine umfangreichen Protokolle, sondern besser Ergebnis-Protokolle erstellen
- Schriftstücke nur an jene verschicken, die das Thema betrifft

5.17.1 Texte lesefreundlich gestalten

Je nachdem, wofür Sie einen Text gestalten, sind die Vorgaben unterschiedlich. So gelten für Schriftstücke, die via Bildschirm „gelesen" werden (PowerPoint, Websites …) teilweise andere Richtlinien als für Handouts oder Werbe-Medien wie z. B. Flugblätter oder Broschüren.

Unterschiede gibt es auch hinsichtlich Fließtext oder Überschriften. Fließtext soll den Inhalt detailliert vermitteln und vor allem gut lesbar sein. Überschriften hin-

Modul // Selbstmarketing

5 „Ihr Auftritt bitte" – Tipps für eine gelungene Präsentation

gegen dürfen auffallen bzw. plakativer sein. Schließlich sollen sie zum Lesen einladen.

Was die Schriftart angeht, unterscheiden wir vor allem Serifen-Schriften (Times, Garamond …) und serifenlose Schriften (Arial, Verdana …). Bei elektronischen Medien sind letztere fürs Auge angenehmer. Weitere typografische Aspekte sind Schriftgrad (angegeben in „Punkt") oder Schriftschnitt (mager, fett, kursiv).

Tipps zur lesefreundlichen Gestaltung:

- kurze, prägnante Sätze statt Schachtel-Konstruktionen
- lieber aktiv statt passiv formulieren („wir konnten …" anstatt „man könnte …")
- Groß- & Kleinbuchstaben benutzen, statt nur GROSSBUCHSTABEN
- Texte gliedern und strukturieren (Überschriften, Absätze, Hervorhebungen – aber nicht zu viele)
- geläufige Wörter verwenden, Fremdwörter sparsam einsetzen
- vorzugsweise zeitgemäße statt veraltete Schreibweisen
- Schreibstil an die Alltagssprache angelehnt
- Leserichtung beachten: links oben beginnen, von links nach rechts schreiben

Tipps zur formalen Gestaltung:

Schrift (Typografie):

- einheitliche und klare, vorzugsweise schnörkellose Typo (vor allem für den Fließtext)
- innerhalb eines Dokuments vorzugsweise nur eine Schriftart (maximal zwei) verwenden
- innerhalb eines Dokuments nur wenige Schrift-Schnitte mixen (keinesfalls mager, fett, kursiv, unterstrichen und größer!)
- Groß- und Kleinschreibung anstatt nur Großbuchstaben (Versalien) verwenden

Modul // Selbstmarketing

5 „Ihr Auftritt bitte" – Tipps für eine gelungene Präsentation

- angemessen bzw. ausreichend groß schreiben
- bei Präsentationen, Raumgröße beachten (▶ gut lesbar aus der letzten Reihe!)
- bei elektronischen Medien: klare, einfache Typo verwenden (besser: serifenlose Schriften ohne „Füßchen", wie z. B. „Arial")
- auf Flipchart oder Pinnwand Druckschrift statt Schreib-Schrift verwenden

Farben:

- für Visualisierungen max. 3 Farben nehmen (außer schwarz und weiß)
- bei Präsentationen nicht zu hell (aus Entfernung schwerer zu erkennen), vorzugsweise schwarz oder dunkelblau
- gleiche Farben für Elemente, die inhaltlich zusammengehören, verwenden
- unterschiedliche Farben für Elemente, die inhaltlich nicht zusammengehören
- einheitliche Farben für alle Charts zu einem Thema verwenden

Grundsätzlich hilfreich fürs Texten bzw. Formulieren:

- auf Tipp- bzw. Rechtschreibfehler achten
- hin und wieder Feedback zu Texten einholen
- mehr und bewusst lesen verbessert den Stil

5.17.2 Gekonnt formulieren

KISS: Keep It Simple and Stupid, short and simple …

Halten Sie sich beim Formulieren am besten an das aus der Werbung bekannte KISS-Prinzip.

Modul // Selbstmarketing

5 „Ihr Auftritt bitte" – Tipps für eine gelungene Präsentation

Das KISS-Credo lautet:

- Botschaft verknappen
- kurze Sätze bilden
- Inhalt aufs Wesentliche konzentrieren
- einfache Sprache verwenden
- verständlich formulieren

5.18 Rhetorik-Grundlagen beherrschen

Stimmbildung, richtige Betonung und Modulation, angemessenes Sprechtempo, klare Ausdrucksweise und richtige Atmung sind Voraussetzungen für gekonnte Rhetorik. Darüber hinaus gilt es, folgende Regeln zu beachten.

Rhetorik-Regeln[7]

Sprich nur so sachorientiert wie nötig. Bereite dich inhaltlich und argumentativ gut vor. Sprich zielgerichtet und mit klarer Gliederung. Bringe die Sache auf den für die ZuhörerInnen wichtigen Punkt.

Sprich verständlich. Vereinfache komplizierte Sachverhalte. Überprüfe Fremdwörter, Fachbegriffe, Zahlenmaterial. Orientiere dich am Stil der gepflegten gesprochenen Sprache. Sprich deutlich und nicht zu schnell. Mach Sprechpausen (= Mitdenk-Pausen).

Sprich möglichst frei. Lies auf keinen Fall stur vom Blatt ab. Wähle eine Spickzettelmethode, die es dir erlaubt, so frei wie möglich und so sicher wie nötig zu sprechen. Halte Blickkontakt und achte auf das Feedback der ZuhörerInnen.

---

[7] Vgl. Arbeitsmaterialien Deutsch, Grundkurs Rhetorik, Eine Hinführung zum freien Sprechen (Stephan Gora, KLETT, Stuttgart, 1996, S.14)

Modul // Selbstmarketing

5 „Ihr Auftritt bitte" – Tipps für eine gelungene Präsentation

Bedenke, dass auch dein Körper spricht. Lass Mimik und Gestik sich natürlich entfalten. Sei glaubwürdig in Ausdruck und Auftreten. Öffne dich den ZuhörerInnen, gehe auf sie zu.

Sprich möglichst du-orientiert. Gehe von den Voraussetzungen und Erwartungen der ZuhörerInnen aus. Vermeide es, sie zu unter- oder überfordern. Sprich nicht länger, als das Publikum dir zu folgen vermag. Wecke sein Interesse und führe es zum Thema hin.

5.18.1 Schwierige Situationen meistern

Wer schon öfter Reden oder Präsentationen gehalten hat weiß, dass nicht immer alles wie am Schnürchen klappt. Organisatorischen Pannen können Sie mit „Plan B" begegnen. Die größere Herausforderung resultiert jedoch aus schwierigen Kommunikations-Situationen. Vor allem bei polarisierenden Themen sollten Sie damit rechnen, dass sich heftige Diskussionen unter den ZuhörerInnen ergeben können oder sogar Sie als RednerIn direkt angegriffen werden. Das ist unangenehm und verursacht Stress. Bereiten Sie sich deshalb schon im Vorfeld mit passenden Argumenten auf mögliche Einwände oder Diskussionen vor.

Trifft Sie ein Einwand einmal unvorbereitet, bleiben Sie ruhig, lassen Sie die/den Betreffende/n ausreden und zeigen Sie Verständnis. Reagieren Sie selbst einmal unangemessen, entschuldigen Sie sich.

5.18.2 Auf Einwände richtig reagieren

Einwände oder (unangenehme) Fragen sind in Vorträgen oder Präsentationen ganz normal. Sie gehören zum Prozess. Umfassende Vorbereitung ist die beste Voraussetzung, professionell darauf zu reagieren.

Modul // Selbstmarketing

5 „Ihr Auftritt bitte" – Tipps für eine gelungene Präsentation

Das bedeutet:

- positiv reagieren und begrüßen
- ernst nehmen
- keinesfalls übergehen (ggf. „zwischenparken" und anbieten, in der Pause oder nach dem Vortrag darauf einzugehen)
- nicht persönlich nehmen
- gelassen bleiben
- nicht widersprechen oder diskutieren
- als Chance nehmen, Unklarheiten zu beseitigen
- hinterfragen (z. B. anhand des 4-Ebenen-Modells aus dem Modul Kommunikation)
- Verständnis signalisieren (z. B. ▶ „Ich kann gut nachvollziehen, dass Sie hier Bedenken haben. Wie wär's, wenn Sie das einfach mal ausprobieren und schauen ob's funktioniert.")

5.19 Kontakt zum Publikum herstellen

Gestalten Sie Ihre Rede oder Präsentation interaktiv! Kommunizieren Sie mit dem Publikum. Stellen Sie Fragen und ermutigen Sie auch die ZuhörerInnen, Fragen zu stellen. Scheuen Sie sich nicht davor, Dialoge oder Diskussionen zuzulassen. Am besten, Sie stellen schon in der Einleitung klar, dass und wann es Gelegenheit zu Fragen gibt. Das Publikum wird es Ihnen danken. Denn es wird mit dem Gefühl weggehen, aktiv beigetragen zu haben.

5.19.1 Grundregeln für effektiven Beziehungsaufbau beachten

Für eine gute Atmosphäre bei Präsentationen, Reden oder Verkaufs-Gesprächen ist es wichtig, eine positive Beziehung zum Gegenüber aufzubauen. So gelingt's:

- Blickkontakt halten, sich nicht hinter Medien verschanzen
- offene Gestik, dem Publikum zugewandt

Modul // Selbstmarketing

5 „Ihr Auftritt bitte" – Tipps für eine gelungene Präsentation

- Gemeinsamkeiten hervorheben
- Aufmerksamkeit erzeugen und bewusst lenken
- mit der Stimme Stimmung (Tonlage, Lautstärke …) machen
- klare, bildhafte Sprache einsetzen (Beispiele, Vergleiche …)
- ggf. Demonstrations-Objekte einsetzen
- sachlich und fair argumentieren
- Visualisierungen am besten direkt vor den Augen des Publikums entwickeln
- etc.

5.19.2 Keine Angst vor Fragen haben

Fragen bei Präsentationen sind ganz normal. Ebenso wie Einwände signalisieren sie Interesse, bieten Gelegenheit, mit dem Publikum in Kontakt zu kommen und liefern die Chance, Unklarheiten auszuräumen.

Dennoch: Nicht alle Fragen sind gut gemeint. Mitunter legt man es auch darauf an, RednerInnen zu kritisieren, aufs Glatteis zu führen oder aus der Reserve zu locken. Dafür sollten Sie besonders in Zusammenhang mit strittigen oder heiklen Themen gewappnet sein.

Die Fangfrage – ein kritischer Frage-Typ

Fang-Fragen sind meist Ja/Nein- bzw. Entweder/Oder-Fragen.
Ein Beispiel: „Haben Sie nun die Auflösung der Abteilung xy vor, ja oder nein?"

Darauf reagieren Sie am besten folgendermaßen:

- **Prämisse (Voraussetzung) korrigieren:** „Es handelt sich um keine Auflösung der Abteilung x, sondern um eine Zusammenlegung mit der Abteilung y."
- **Ausweichen:** „Die Marktsituation ist derzeit sehr angespannt. Die Entscheidung hängt von vielen Fragen ab, die derzeit noch nicht beantwortet werden können."

Modul // Selbstmarketing

5 „Ihr Auftritt bitte" – Tipps für eine gelungene Präsentation

Keine Angst, die meisten Fragen sind im Grunde positiv gemeint oder Verständnis-Fragen. Reagieren Sie so, wie beim Punkt „Auf Einwände richtig reagieren" beschrieben und nutzen Sie darüber hinaus Ihr im Modul Kommunikation erworbenes Wissen.

5.20 Eindrucksvollen Schlusspunkt setzen

Der Schluss einer Rede oder Präsentation wirkt am längsten nach. Deshalb gilt:

Den Schluss möglichst eindrucksvoll formulieren. Zum Beispiel – wie in der AIDA-Formel beschrieben – als Aufforderung zum Handeln.

Beliebte Schluss-Formeln:

- Fazit ziehen
- Kern-Aussagen/Thesen zusammenfassen
- Denkanstöße geben
- Ausblick/weitere Vorgangsweise skizzieren
- passende/s Anekdote/Zitat formulieren
- Aufgaben-Verteilung vorschlagen
- Wünsche/Hoffnungen ansprechen
- Appell formulieren

5.21 Prozess reflektieren

Reflektieren hilft. Auf jeder Ebene im Prozess. Damit Sie es nächstes Mal noch besser machen, können folgende Fragen hilfreich sein:

- Was ist wo gut gelungen?
- Was werde ich nächstes Mal anders machen?
- Wurde das gesteckte Ziel erreicht?
- Falls nicht, woran lag's?

Modul // Selbstmarketing

5 „Ihr Auftritt bitte" – Tipps für eine gelungene Präsentation

- War die Aufbereitung passend für die Zielgruppe?
- War der Ablauf optimal?
- Falls nicht, was muss geändert werden?
- Wie war der Einstieg/Hauptteil/Schluss?
- Gab es kritische Situationen?
- Wie bin ich damit umgegangen?
- Hat organisatorisch alles gut geklappt?
- Wie war der Kontakt zum Publikum?
- usw.

5.22 Das Wichtigste zusammengefasst

Für Vorträge und Präsentationen gilt: umfassend vorbereiten, Zielgruppe erkunden, Ziele definieren und SMART formulieren, Gliederung festlegen, Ideen sammeln, Zielgruppen-Nutzen definieren, Argumentations-Dramaturgie entwickeln, wirkungsvoll inszenieren, authentisch vortragen, Körpersprache beachten, Medien und Mittel sinnvoll nutzen, möglichst alle Sinne ansprechen, Rhetorik-Regeln beachten, Publikum einbeziehen, eindrucksvollen Schlusspunkt setzen und den Prozess auf allen Ebenen reflektieren.

Elemente einer gelungenen Präsentation im Überblick:

1) An Umfeld und Anlass anpassen
   Passen Sie sich an Ihre Umgebung an. In Bezug auf Sprach- und Kleidungsstil. Fremdwörter oder Fachbegriffe können vor Experten/innen überzeugend wirken, vor einem gemischtem Publikum hingegen überzogen. Ein Anzug oder Kostüm kann im Gasthaus zu fein und im Rahmen eines Galaabends zu sachlich sein.

2) Konzept und Struktur
   Eine gut strukturierte Rede oder Präsentation verfügt über Einleitung, Hauptteil und Schluss, ggf. untergliedert in Themen- bzw. Unterkapitel. Das macht

Modul // Selbstmarketing

5 „Ihr Auftritt bitte" – Tipps für eine gelungene Präsentation

Sinn, weil man einer gut gegliederten Rede besser folgen und sich Inhalte besser merken kann.

3) Literaturtipps & Quellen-Angaben
Vergessen Sie nicht auf Literatur- und Quellen-Angaben. Das können Links im Internet oder Verweise auf Bücher, Zeitschriften und Magazine sein.

4) Klarheit
Das gilt für Inhalte, Stil, Formulierungen, Visualisierungen und auch Unterlagen. Im Zweifelsfall ist weniger mehr.

5) Humor
Nichts ist auf Dauer langweiliger als Monotonie, Eintönigkeit und Gewöhnung. Stellen Sie sich vor, Sie würden sich selbst unterhalten und beziehen Sie dann das Publikum ein.

6) Spontaneität
Seien Sie spontan. Auch wenn einmal ein Missgeschick passiert. Machen Sie das Beste daraus und versuchen Sie, die Situation locker zu nehmen.

Modul // Selbstmarketing

6 Meetings erfolgreich abhalten

Wie sehen Ihre persönlichen Erfahrungen mit Meetings aus? Waren sie überwiegend „Zeiträuber" oder konstruktiv? Woran lag's im einen wie im anderen Fall? Gab es Spiel-Regeln bzw. eine Meeting-Kultur? Wie verhalten Sie sich in Meetings? Wie bringen Sie sich ein? Wie gehen Sie mit den Beiträgen anderer TeilnehmerInnen um?

Je nach Branche ist der berufliche Alltag mehr oder weniger von Besprechungen geprägt.
Früher oder später nimmt fast jede/r an einem Meeting teil. Wer erfolgreich Selbstmarketing betreibt, wird beim Erklimmen der Karriereleiter sogar in die Situation kommen, eines zu leiten. Spätestens dann sollten Sie wissen, was Sie beachten müssen.

Die Fachliteratur hält zum Thema Meeting-Regeln jede Menge Tipps parat. Die wichtigsten haben wir in diesem Kapitel für Sie zusammengefasst.

6.1 Meeting-Regeln

„Viele gehen hinein und wenig kommt heraus!" – Solche und ähnliche Kommentare hört man oft nach einem Meeting. Damit Ihnen das als OrganisatorIn nicht passiert, sollten Sie vor und während eines Meetings auf folgende Punkte achten.

Aufgaben vor einem Meeting:

- falls Sie das Meeting nicht selbst leiten, Moderation/Leitung festlegen bzw. sicherstellen
- Termin mit Rücksicht auf die TeilnehmerInnen planen
- Anfangs- und Endzeit festlegen (▶ keine open end Meetings!)
- geeigneten Meeting-Raum reservieren
- ggf. Verpflegung, Pausen … einplanen

Modul // Selbstmarketing

6 Meetings erfolgreich abhalten

- Tagesordnung/Agenda zeitgerecht verschicken (▶ Termin-/Zeit-Angabe, Ort, Themen/Ziele, InitiatorIn, ModeratorIn/LeiterIn, TeilnehmerInnen, ggf. Zuständigkeiten)
- Tagesordnung nach Prioritäten ordnen und untergliedern in Information, Diskussion und Beschluss
- Ziele vorzugsweise als Beschluss formulieren (▶ z. B. „Beschluss, wie das vorgegebene Marketing-Budget 2010 verwendet wird" statt „Marketing-Budget-Planung 2010")
- ggf. Vorab-Informationen verschicken (Zahlen, Daten, Fakten ...)
- nur TeilnehmerInnen einladen, die wirklich einen Beitrag leisten können
- Medien und Mittel vorbereiten (▶ Flipchart, Stifte, Beamer, Overhead ...)
- ggf. Technik überprüfen

Aufgaben während eines Meetings:

- Agenda vorstellen
- Spiel-Regeln festlegen bzw. daran erinnern (▶ jede/r spricht für sich, zuhören, ausreden lassen, sachlich bleiben, Thema nicht aus den Augen verlieren, keine persönlichen Angriffe ...)
- Zuständigkeiten definieren (▶ Protokoll?)
- Einverständnis aller TeilnehmerInnen (Agenda, Spiel-Regeln) sicherstellen
- bei Meetings zu laufenden Projekten aktuellen Status klären und bisherige Maßnahmen kontrollieren (▶ Wer laut To-Do-Liste hat seit dem letzten Treffen was erledigt?)
- auf den Zeitplan achten
- Wesentliches visualisieren
- alle TeilnehmerInnen einbeziehen, zu Beiträgen motivieren, mit Fragen unterstützen
- (Zwischen-)Ergebnisse festhalten
- Beschluss-Protokoll möglichst während der Sitzung verfassen – vorzugsweise für alle sichtbar (▶ Flipchart)

Modul // Selbstmarketing

6 Meetings erfolgreich abhalten

- Aufgaben nur an Anwesende verteilen und festhalten (▶ jeweils Person und End-Termin festhalten)
- am Ende der Besprechung 5 Minuten Zeit zur Reflexion einplanen (▶ Was lief gut, was könnten wir verbessern?)

6.2 Voraussetzungen für erfolgreiche Meetings

Dass der Erfolg von Meetings auch davon abhängt, wie die TeilnehmerInnen miteinander umgehen, liegt auf der Hand. Kommunikations-, Team- & Konflikt-Kompetenz sind gefragt.

Team-Kompetenz ▶ TeamplayerIn sein

Im Vordergrund steht nicht die Einzelleistung, sondern das gemeinsam erarbeitete Ergebnis. Denn nur wenn sich alle TeilnehmerInnen mit ihren Beiträgen darin wiederfinden, kann Umsetzung im Sinne nachhaltiger Erfolge gelingen. Voraussetzung dafür ist soziale Kompetenz. Natürlich ist es wichtig, auch sich und seine Ideen einzubringen. Nur so, können andere diese aufgreifen und weiterspinnen.

Wer sich anerkannt fühlt und andere bzw. deren Beiträge anerkennt, hat mehr Erfolg und Spaß im Job. Nehmen Sie deshalb Ihre Interessen wahr und gleichzeitig Rücksicht auf andere und deren Interessen. Seien Sie TeamplayerIn, zeigen Sie Fingerspitzengefühl und verhalten Sie sich menschlich, offen und konstruktiv.

No Go's:

- Wichtigtuerei und Rücksichtslosigkeit gegenüber KollegInnen
- Ausleben der eigenen Stimmungen und Launen
- sich selbst immer in den Mittelpunkt stellen
- Respektlosigkeit

Modul // Selbstmarketing

6 Meetings erfolgreich abhalten

Kommunikations-Kompetenz ▶ Wirkungsvoll Gespräche führen

Zu wissen, wie man wirkungsvoll Gespräche führt, ist nicht nur im Job von Vorteil. Vor allem in Meetings und Team-Prozessen kommt es darauf an, sich sorgfältig vorzubereiten, Informationen gezielt zu sammeln, Inhalte gut zu strukturieren, für das Argumentieren den roten Faden zu finden und die eigene Meinung klar zu vertreten.

Bereiten Sie sich stets so gut wie möglich vor. Wenn Ihnen doch einmal Informationen fehlen, bitten Sie um etwas Zeit, um sich damit auseinandersetzen bzw. sich zu einem späteren Zeitpunkt dazu äußern zu können.

Denken Sie grundsätzlich positiv und machen Sie sich klar, was Sie im Gespräch erreichen möchten. Seien Sie nicht nur physisch, sondern auch psychisch anwesend und nehmen Sie bewusst an Gesprächen teil. Damit signalisieren Sie Respekt gegenüber Ihren Gesprächs-PartnerInnen. Beherzigen Sie: Manchmal ist Schweigen Gold und melden Sie sich nur zu Wort, wenn Sie einen konstruktiven Beitrag leisten können.

No Go's:

- andere unterbrechen
- vom Thema abschweifen
- andere nicht zu Wort kommen lassen bzw. Monologe halten
- andere Meinungen unsachlich kritisieren oder heruntermachen
- abgelenkt, unaufmerksam oder uninteressiert sein/erscheinen

Konflikt-Kompetenz ▶ Missverständnisse konstruktiv lösen

Kollegialität, Freundlichkeit und Respekt gegenüber Vorgesetzten und KollegInnen ist ein Muss. Gerade bei heiklen Meeting-Themen kann es zu Spannungen oder Missverständnissen kommen. Sprechen Sie diese offen und respektvoll an und ver-

Modul // Selbstmarketing

6 Meetings erfolgreich abhalten

suchen Sie, aktiv zur Klärung beizutragen. Das gelingt mit Kommunikations-Kompetenz. Zum Beispiel über das Äußern von Wünschen und Bedürfnissen in Form von ICH-Botschaften.

No Go's:

- anderen nicht zuhören
- Schuldzuweisungen/Vorwürfe erheben
- Verallgemeinerungen (immer, dauernd, nie …)

Anmerkung:
Voraussetzungen für konstruktive Meetings sind Kommunikations-, Team- und Konflikt-Kompetenz. Die Eckpunkte haben wir hier angesprochen. Ergänzendes Basis-Wissen finden Sie in den entsprechenden ECo-C-Modulen Kommunikation, Teamarbeit und Konfliktmanagement.

Modul // Selbstmarketing

6 Meetings erfolgreich abhalten

6.3 Das Wichtigste zusammengefasst

- Meetings stehen im Berufsleben an der Tagesordnung. Damit diese konstruktiv verlaufen können, müssen bei Vorbereitung und Durchführung bestimmte Regeln beachtet werden.

- Wichtig in der Vorbereitung sind Festlegen der Anfangs- und Endzeit, rechtzeitiges Verschicken der vollständigen Agenda (Organisatorisches, Tagesordnungspunkte), Reservierung des Meeting-Raumes und Vorbereitung der erforderlichen Medien und Mittel.

- Für die Durchführung gilt vor allem, Gesprächs-Regeln definieren bzw. für deren Einhaltung sorgen, alle TeilnehmerInnen einbeziehen, Wesentliches visualisieren, TeilnehmerInnen motivieren und unterstützen, Beschlüsse fassen und protokollieren.

- Darüber hinaus zählen Kommunikations-, Team- und Konflikt-Kompetenz.

Modul // Selbstmarketing

7   Literatur-Verzeichnis

Marketing Management
Kotler/Bliemel
SCHAFFER POESCHL, 10. Auflage, Stuttgart, 2001

Ganz einfach verkaufen
Hermann Scherer
GABAL, Offenbach, 2003

Egal, was du denkst, denk das Gegenteil
Paul Arden
VERLAGSGRUPPE LÜBBE, 2007

Clou/Strategisches Ideenmanagement in Marketing, Werbung, Medien & Design
Mario Pricken
VERLAG HERRMANN SCHMIDT, Mainz, 2009

Marketing Grundwissen/Büro-Spicker
Dr. Rahild Neuburger
COMPACT VERLAG, München, 2007

30 Minuten für die erfolgreiche Positionierung
Peter Sawtschenko
GABAL, Offenbach, 2. Auflage, 2008

Die stärkste Marke sind Sie selbst
Jon Christoph Berndt
KÖSEL, München, 2009

30 Minuten für optimales Zeitmanagement
Lothar J. Seiwert
GABAL, Offenbach, 1998

7 Literatur-Verzeichnis

Visualisieren Präsentieren Moderieren
J. W. Seifert
GABAL, Offenbach, 2001

Mini-Handbuch Vortrag und Präsentation
Hermann Will
BELTZ, BELTZ, 2006

Präsentieren
Claudia Nöllke
HAUFE Taschenguide, 5. aktualisierte Auflage, 2009

Erfolgreich präsentieren
(Karten)
HERAGON, Freiburg, 2. Auflage, 2009

30 Minuten für den überzeugten Elevator Pitch
Joachim Skambraks
GABAL, Offenbach, 2. Auflage, 2007

Trainingsbuch Rhetorik
Bartsch, Hoppmann, Rex
Vergeest/SCHÖNINGH UTB, 2. aktualisierte Auflage, 2008

Rhetorik
P. Flume, W. Mentzel
HAUFE Taschenguide, 1. Auflage, 2008

**Arbeitsmaterialien Deutsch, Grundkurs Rhetorik –
Eine Hinführung zum freien Sprechen**
Stephan Gora
KLETT, Stuttgart, 1996

Modul // Selbstmarketing

7 Literatur-Verzeichnis

30 Minuten für eine wirkungsvolle Stimme
A. Lauten
GABAL, 2008

ICH rede (CD)
Isabel Garcia
SESSEL RECORDS & BOOKS, 3. Auflage, 2009

ECo-C® European communication certificate

8 Fachbegriffe leicht erklärt

Diese Informationsseiten erklären die Begriffe, die im Zusammenhang der ECo-C® Qualifizierung bzw. Ausbildung verwendet werden.

Begriff / Wort	Beschreibung
Akzeptanz	Anerkennung
Alternative	eine andere Möglichkeit; Gegenvorschlag
analysieren	ein Problem oder ein Phänomen systematisch in allen Einzelheiten untersuchen
Anonymität	Nichtbekanntsein; Mangel an menschlichem, sozialem Kontakt
antizipieren	(in Gedanken) vorwegnehmen
Anthropologie	die Lehre vom Menschen
approbieren	gutheißen, genehmigen
Autonomie	Selbstständigkeit, Unabhängigkeit; Selbstverwaltung oder Entscheidungsfreiheit
Autosuggestion	**Selbstbeeinflussung**
authentisch	echt, glaubwürdig, zuverlässig
Autogenes Training	Autogenes Training ist ein wissenschaftlich fundiertes, psychotherapeutisches Verfahren. (Entspannungstechnik)
Autorität	Einfluss, Ansehen; Person von hohem fachlichen Ansehen

8 Fachbegriffe leicht erklärt

Begriff / Wort	Beschreibung
Bossing	Bossing ist eine Form von Mobbing, welche vom Vorgesetzten ausgeht.
Charisma	Ausstrahlungskraft
Coach	Trainer, Betreuer
destruktiv	zerstörend, zersetzend
Dialog	Gespräch, Meinungsaustausch
Dynamik	Schwung, Bewegtheit
Effektivität	Wirksamkeit, Leistungsfähigkeit, Nutzen
Effizienz	Wirtschaftlichkeit
emotional	gefühlsmäßig
empirisch	auf Erfahrung beruhend
Energie	Fähigkeit, Arbeit zu leisten; Schwung, Tatkraft
Engagement	persönlicher Einsatz
euphorisch	heiter, hochgestimmt, überschwänglich
Flexibilität	Fähigkeit, sich schnell an veränderte Bedingungen anzupassen
Harmonie	Ausgeglichenheit, Übereinstimmung, Einklang

8 Fachbegriffe leicht erklärt

Begriff / Wort	Beschreibung
Hierarchie	Rangordnung
homogen	gleichartig zusammengesetzt
Human Factor	Menschlicher Faktor
Identifikation	das gefühlsmäßige sich Gleichsetzen mit einer Gruppe
Image	das Bild, das sich die Öffentlichkeit von jemanden macht
Impuls	Anstoß, Anregung
Identität	Gleichheit, Übereinstimmung, Wesensgleichheit
Identifizierung	jmdn., etwas erkennen bzw. feststellen
Incentiveprogramme	Marktreizprogramm
individuell	der eigenen Persönlichkeit angemessen
Innovation	Einführung von Neuem; Verwirklichung neuer Ideen oder Verfahren
integrieren	einbinden, miteinbeziehen
Interaktion	wechselseitige Beziehung; gegenseitige Beeinflussung
Integrität	Unbescholtenheit, Redlichkeit, Unberührtheit

8 Fachbegriffe leicht erklärt

Begriff / Wort	Beschreibung
interpretieren	auslegen, deuten, erklären
intervenieren	dazwischentreten, vermitteln; in ein Geschehen oder eine Auseinandersetzung eingreifen
Katalysator	Person, die Geschehen beeinflusst, ohne unmittelbar beteiligt zu sein
Know How	Wissen, Kenntnisse, Fertigkeit
Kohäsion	Zusammenhang
Kompetenz	Sachverstand, Fähigkeit, Zuständigkeit, Befugnis
Konfrontation	Gegenüberstellung, Auseinandersetzung
konstruktiv	positiv, helfend, aufbauend
Konsens	Übereinstimmung von Menschen – meist innerhalb einer Gruppe – hinsichtlich einer gewissen Thematik ohne verdeckten oder offenen Widerspruch
Konvention	Abkommen, Übereinkunft
Kooperation	Zusammenarbeit, Zusammenwirken
Koordination	Organisieren und aufeinander Abstimmen verschiedener voneinander abhängiger Vorgänge oder Handlungen

ECo-C® European communication certificate

8 Fachbegriffe leicht erklärt

Begriff / Wort	Beschreibung
Kreativität	schöpferische, gestaltende Kraft
Layout	Gestaltung einer Druckseite mit Bild und Text
Learning by doing	durch praktische Anwendung erzielter Lerneffekt
Management	Unternehmensführung, Organisation, Betriebsführung
Meeting	offizielle Zusammenkunft, Treffen, Versammlung
Mentalität	allgemeine Einstellung, Haltung
mental	geistig positive Einstellung
Mentor	erfahrener Berater, Ratgeber
Moderation	Leitung, Gesprächsführung, Kommentierung in einer Sendung
modulieren	von einer Tonart in die andere überleiten oder übergehen, den Klang seiner Stimme modulieren
Monotonie	Eintönigkeit
Motivation	Verhaltensbereitschaft; Beweggründe, warum Menschen besser oder mit mehr Freude arbeiten
mutieren	sich plötzlich verändern
Niveau	Wertstufe, hoher oder gehobener Standard, Rang

8 Fachbegriffe leicht erklärt

Begriff / Wort	Beschreibung
objektiv	unvoreingenommen
Organisation	Planung und Durchführung eines Vorhabens
Outfit	die Gesamtheit der bewussten Gestaltung der äußeren Erscheinung: Kleidung, Schuhe, Schmuck, Frisur etc.
Parität	Gleichstellung, Gleichberechtigung
Partizipation	Beteiligung, Teilnahme, Mitwirkung, Mitbestimmung, Einbeziehung
Philosophie	Einstellung, Weltanschauung
Potenzial	theoretische Leistungsfähigkeit
prägnant	knapp, treffend (Ausdruck)
Präsentation	das Vorzeigen, öffentliches Vorstellen
präsent	anwesend, gegenwärtig
Präzisierung	genau; bis ins Einzelne eindeutig
Prinzipien	Grundsätze, Grundlagen, Regeln
Produktivität	Schaffenskraft; Verhältnis von eingebrachter Arbeit, Energie und Mitteln zum Ergebnis
professionell	fachmännisch, gekonnt, berufsmäßig

ECo-C® European communication certificate

8 Fachbegriffe leicht erklärt

Begriff / Wort	Beschreibung
Projekt	Vorhaben, geplante Unternehmung
Public Relation (PR)	Öffentlichkeitsarbeit
pushen	jemanden „antreiben"
Qualität	Beschaffenheit, Güte, Wert
quantifizierbar	in messbaren Größen oder Mengenbegriffen darstellbar
Realisierung	das aktive Verwirklichen einer Sache
renommiert	ansehnlich, anerkannt
Repräsentant	Vertreter eines Staates, eines Volkes oder einer Gruppierung
Repertoire	Alle Methoden, Kenntnisse oder Fähigkeiten, die einer Person in einem bestimmten Kontext zur Verfügung stehen, oder auch die verfügbaren Handlungsmöglichkeiten
respektive	beziehungsweise, oder
Resultat	Ergebnis
Sensibilität	Empfindlichkeit, Empfänglichkeit
Struktur	räumlicher Aufbau, Konstruktion, Anordnung von Einzelteilen eines Ganzen

8 Fachbegriffe leicht erklärt

Begriff / Wort	Beschreibung
subjektiv	von persönlichen Gefühlen, Wünschen oder Vorurteilen geleitet oder beeinflusst; voreingenommen, unsachlich, einseitig
Synergie	Zusammenwirken von Kräften mit resultierenden gemeinsamen Nutzen
ToDo - Liste	Liste offener Punkte. Darin wird als Vereinbarung festgehalten, *wer was* mit *wem* bis *wann* zu tun hat.
Toleranz	Duldsamkeit, Verständnis, Akzeptanz gegenüber einer anderen, abweichenden Meinung, Haltung oder Lebensart
vehement	heftig, mit Energie, ungestüm
Visionen	Vorstellung eines zukünftigen Zustandes
visualisieren	etwas optisch gestalten, etwas bildlich umsetzen, sichtbar machen